KB261801

나를 혁명하라

나를 혁명하라

초판 1쇄 발행 2015년 2월 11일

지 은 이 이장락
발 행 인 권선복
기록정리 이선종
편   집 김정웅
디 자 인 이세영
교   정 권보송
마 케 팅 정희철
전 자 책 신미경
발 행 처 행복한에너지
출판등록 제315-2011-000035호
주   소 (157-010) 서울특별시 강서구 화곡로 232
전   화 0505-613-6133
팩   스 0303-0799-1560
홈페이지 www.happybook.or.kr
이 메 일 ksbdata@daum.net

값 15,000원
ISBN 979-11-954239-2-7

행복한에너지는 독자 여러분의 아이디어와 원고 투고를 기다립니다. 책으로 만들기를
원하는 콘텐츠가 있으신 분은 이메일이나 홈페이지를 통해 간단한 기획서와 기획의도,
연락처 등을 보내주십시오. 행복한에너지의 문은 언제나 활짝 열려 있습니다.

행복한 에너지

나를 혁명하라

이장락 지음

○ ● 목차

머리말 * 10

PART **01**

나를 다스리면
성공이 보인다

01 '나'는 누구인가? * 18

02 '나'를 알아야 인생에서 성공할 수 있다 * 22

03 '나'는 훈련시키기에 따라 달라질 수 있다 * 25

04 '나'도 천재가 될 수 있다 * 28

05 내 마음속의 빈 병 * 33

PART **02**

사고방식이
팔자를 바꾼다

01 사고방식이 팔자를 바꾼다 * 38

02 적극적이고 긍정적인 사고가 성공을 부른다 * 40

03 내 인생을 망치는 부정적 사고를 경계하라 * 49

04 정열로써 승부하라 * 52

05 자신감의 유무가 승패를 좌우한다 * 55

06 콤플렉스는 나의 은인 * 59

07 절실한 욕망을 가져라 * 67

PART 03

마음가짐이 바뀌면
세상이 달라진다

01 산뜻한 기분으로 새아침을 맞이하라 * 72

02 좋은 책과 CD로 자신을 무장하라 * 74

03 마음속에 건전한 자기 이미지를 심어라 * 77

04 자신의 의지를 강화시켜라 * 84

05 운명이란 스스로 만드는 것이다 * 86

06 자기 자신을 훔친 도둑 * 91

07 범사에 감사하자 * 94

PART 04

인생의 목표를 세우면
힘이 솟는다

01 인생의 목표는 분명해야 한다 * 100

02 인생의 목표를 크게 세우면 행동이 달라진다 * 103

03 목표지점을 똑바로 보고 걸어라 * 106

04 목표를 세우면 행운이 따른다 * 108

05 인생 계획서를 작성하라 * 110

06 세상을 변화시키는 1초 * 113

PART **05**

행동하지 않는 **생각**은
쓰레기에 불과하다

01 신념보다 중요한 건 실천이다 * 118

02 끈기 있는 자가 승리한다 * 122

03 불가피한 사정과는 타협하라 * 125

04 실패자의 변명 * 129

05 오늘은 내 인생 최고의 꽃봉오리 * 132

PART **06**

성공의 **꽃**은 역경과 실패의
눈물 속에서 피어난다

01 인생이 아름다운 것은 고통이 있기 때문이다 * 138

02 역경은 성공의 디딤돌이다 * 143

03 실패에 대한 두려움을 제거하라 * 149

04 과거의 실패로 인한 우울한 감정들을 과감히 떨쳐라 * 153

05 사람은 실패를 통해 다시 태어난다 * 156

06 최악의 순간을 승리로 이끌어라 * 159

PART **07**

성공하는 **직장인**은
이것이 다르다

01 일에 대한 사고방식이 성패를 좌우한다 * 164

02 즐거운 마음으로 일하면 능력이 갑절로 솟구친다 * 168

03 뿌린 만큼 거둔다 * 171

04 정열을 바쳐라 * 173

05 습관이 인생을 지배한다 * 175

06 적성에 안 맞으면 과감히 직업을 바꿔라 * 178

PART **08**

성공**하는 사람**은
화술이 다르다

01 어떻게 하면 말을 잘할 수 있을까? * 182

02 세련된 대화의 기법 * 186

03 화제의 선택 * 190

04 대화 시에 주의해야 할 점 * 195

05 상대방을 설득할 때 * 201

PART **09**

인간관계
손자병법

01 독불장군은 성공할 수 없다 * 210
02 상대방을 내 편으로 끌어들이는 방법 * 215
03 칭찬은 돈 안 드는 뇌물이다 * 218
04 이런 사람들과 교제하라 * 221
05 이런 사람들을 멀리하라 * 223

PART **10**

돈을 무시하는 **사람**은
돈에 의해 **무시** 당한다

01 창업은 최상의 예술이다 * 230
02 돈에 대해 악담을 하면 호주머니가 가벼워진다 * 237
03 나는 어떻게 살 것인가? * 240
04 비즈니스의 생존법 * 245
05 성공하고 나서의 자기 이미지 관리 * 249
06 내 인생의 가을이 오면 * 252
07 인생의 종점, 망우리 공동묘지 * 261

에필로그 – 나의 삶, 나의 투쟁 벼랑 끝에서 희망을 노래하다 * 264
출간후기 – 희망이 있다면, 장애는 없습니다 * 278

추천사

13살짜리 꿈꾸는 소년 요셉의 삶이 인생 반전 드라마인 것처럼, '꿈은 반드시 이루어 진다'는 저자의 신앙과 전투적인 삶이 이 책 속에 생생히 녹아 있음을 본다. 5살 소아마비 소년이 신체적인 장애를 딛고 일어선 드라마 속의 한 거인을 만나게 한다. 일독하여 잃어버린 꿈을 찾는 계기가 되었으면 한다. 특히 젊은이들에게 권한다.

최기학 서울 중계동 상현교회 담임 목사

한 사람의 스포츠 영웅이 탄생하려면 피나는 체력훈련과 함께 정신무장이 병행되어야만 한다. 육체가 힘에 겨워 쓰러지려고 하는 순간 그 육체를 지탱하는 것이 정신이기 때문이다. 이 책은 인생 경기에 참여하는 이 땅의 젊은이들에게 도전정신과 함께 자신감을 불어넣어 주는 좋은 책이라고 생각한다.
이 땅의 청년들이 이 책의 저자처럼 척박한 환경을 떨쳐 일어나 위대한 태클(도전)을 하기를 기대한다. "대한민국 청년이여 태클TACKLE하라!"

김흥기 종합경제 글로벌이코노믹 회장, 모스크바 국립대 행정대학원 초빙교수

"내가 좀 더 세상을 일찍 알았더라면……." 우리는 인생이 힘들고 고달플 때마다 이런 말을 자주 하곤 하는데, 이 책을 읽고 나면 적어도 이런 때늦은 후회는 않게 되리라 생각한다. 힘들고 고달픈 지경에 처해 있는 사람에게는 용기와 희망을, 열등감에 사로잡혀 힘을 잃은 사람에게는 자신감을, 자신감에 차 있는 사람에게는 더욱 분발을, 부정적인 생각에 사로잡혀 있는 사람에게는 긍정적인 생각을 심어 줄 수 있는 참으로 값진 책이다.

박희영 서울시 홍보대사, 대한민국인맥의 왕, 대한민국신지식인협회 회장

'성공의 꽃은 역경과 실패의 눈물 속에서 피어난다.' 이장락 대표의 삶을 한마디로 정의하기에 적합한 말이다. 어린시절 소아마비. 말더듬이 꼴찌학생에서 열정과 도전으로 2개 회사를 거느린 모범경영자가 되었다. 이 대표는 자신의 콤플렉스를 긍정적으로 실천하여 인생을 반전시킨 기적을 일구어냈다. 자녀들에게 들려주고 싶은 이야기를 이 대표가 부모를 대신해 전해주고 있다.

조영관 신한금융그룹 부부장, 경영학 박사, 서울교육대 겸임교수 역임

원고를 탈고하고 나서 책상 앞에 앉아 마지막으로 머리말을 쓰자니 지난 일들이 주마등처럼 스치며 눈물이 쏟아지는 것은 왜일까?

가난한 집안에서 태어나 두 살 되던 해에 아버지를 여의고 홀어머니 밑에서 자랐고, 어릴 적부터 소아마비로 인해 오른쪽 팔이 온전치 못했으며, 게다가 말더듬이 증상까지 겹치다 보니 콤플렉스로 인한 열등감을 이겨내지 못하고 시쳇말로 문제아요, 꼴통 소리를 들으며 자란 내가 삶의 방향을 바꾸어, 지금은 재벌총수는 아니더라도 제법 잘나가는 회사 간판을 내걸고 오늘도 제2의 도약을 위해 매진하고 있는 모습을 보면 내가 생각해도 대견스럽게만 느껴진다.

내 나이 스물한 살 때까지만 해도 내 마음속에는 젊은이로서의 희망찬 꿈보다는 신체장애자라는 콤플렉스로 인해 온통 어둡고 부정적인 생각들로 가득 차 있었다. 어린 가슴에 그런 어둡고 부정적인 요소들이 한가득 담

겨 있었으니 세상의 어느 것 하나 긍정적인 시각으로 바라보는 것이 없었
다. 그러다 보니 공부는 항상 반에서 꼴찌를 면치 못했고 문제아요, 꼴통소
리만 듣고 자라왔던 나였다.

보통 상식으로는 지금쯤 내가 인생의 낙오자가 되어 유치장에 갇혀 있
든지 이 세상 사람이 아니어야 정상이련만, 인간으로서 견뎌내기 힘든 온
갖 악조건을 갖추고 있으면서 이렇게 독자들 앞에 성공한 사람으로 나서
서 내 인생 경험을 토대로 책을 쓴다는 것이 꿈만 같이 느껴진다.

청소년 시절에 온갖 문제들을 안고 있던 내가 마음을 고쳐먹고 여기까
지 오게 된 데는 누님의 공이 컸다.

나는 초등학교 5학년에 경북 영덕에서 대구로 전학 오게 되어 누님과 합
치게 되었다. 큰형님이 군에 입대하자 누님은 수동기계로 편물編物을 하여
동생들을 돌보게 되었는데, 밤낮으로 일을 하느라 거의 파김치가 되었음
에도 동생들에게 짜증 한 번 내는 일 없이 누님이 시집갈 때까지 동생들의
학비와 생활비를 책임졌다. 누님이 시집갔을 때는 내가 중학교 다닐 때였다.

누님은 결혼하고 나서도 자나 깨나 동생들 걱정에 눈에서 눈물이 마를
새 없었는데, 그 크신 누님의 은혜를 생각하면 지금도 눈물이 주체없이 흘
러내리곤 한다.

그러한 누님의 무조건적인 사랑은 학창 시절 낙오자였던 나로 하여금
사회생활의 우등생이 되어가는 자양분이 되었다. 누님은 결혼하고 나서도
동생인 내가 신장이식수술을 받아야 할 때 한 치의 망설임도 없이 자신의
신장을 내어주셨다.

그런 절대적인 누님의 사랑이 아니었다면 나는 그 수많은 인생의 고비

를 견뎌내지 못하고 무릎을 꿇었을지도 모른다. 누님이 없었다면 아마 나는 영육 간으로 건강한 삶을 영위하지 못했을 것이다. 그 숱한 난관들을 뚫고 내가 이만큼 살아올 수 있었던 근본은 누님의 크나큰 사랑이었다.

내가 살아생전에 그 은혜 다 못 갚으면 자식에게라도 전해 그 덕을 기리게 할 것이다. 바람 앞에 가물가물한 등불과 같이 훅 불기만 해도 꺼져 버릴 것 같은 파리한 내 인생을 책임지고 이끌어주신 누님을 생각하니 또다시 눈물이 흘러내린다.

열등감을 박차고 나와 내 꿈을 향해 미친 듯이 달려오다 보니 그동안 자주 찾아뵙지 못한 점, 엎드려 깊이 사죄드립니다.

그리고 감사합니다! 존경합니다! 사랑합니다!

또한 두 살 때 아버지를 여읜 나에게 든든한 정신적 지주가 되어 주시고 사상 정립의 뿌리 역할을 해주신 큰형님과 작은형님께도 이 자리를 빌려 깊은 감사의 말씀을 드린다.

이야기가 다소 길어져서 독자들에게는 죄송하지만 이 말만은 꼭 이 책에 밝히고 싶었다. 내가 이 책을 쓸 수 있게 된 것도 이분들의 크나큰 은혜가 있었기에 가능했기 때문이다.

이 책에는 나의 투쟁의 역사가 담겨 있다. 온갖 부정적인 요소를 마음속에 품고 있던 내가 꿈을 이루기 위해 한 발자국씩 다가가는 변화 과정과 온전치 못한 장애의 몸으로 험난한 가시밭길을 헤쳐 오며 경험한 사회적 교훈이 담겨 있다.

따라서 무엇보다도 성공적인 삶을 살기 위해 험난한 인생 풍파를 헤쳐

나갈 이 땅의 젊은이들과 나의 아들딸이 이 책의 가장 열렬한 독자가 되었으면 한다. 그래서 이 땅의 젊은이들이, 그리고 나의 아들딸이 자신의 꿈을 이루기 위해 온몸을 불태울 변화의 길로 들어설 수만 있다면 필자로서 더 이상 바랄 것이 없겠다.

처음에는 나의 다양한 경험들과 개인적인 일들을 일기처럼 노트에 적어놓고 나의 아들딸에게 삶의 지침이 될 수 있도록 전해 줄 생각이었다. 책을 쓴다는 것은 나와는 먼 일이었기 때문이다. 우등생이나 훌륭한 사람들, 문학가들에게만 해당될 뿐 내가 책을 쓴다는 것은 당치도 않은 일이라고 생각했다.

그런데 어느 날 우연한 기회에 도서출판 행복에너지의 권선복 대표를 만나 노트를 보여주었는데, 그 자리에서 한참을 훑어보던 권 대표께서 "바로 이겁니다!" 하고 무릎을 치며 출판제의를 해오는 것이었다. 아직도 부족한 게 많은 나에게 이런 넘치는 기회를 주신 권선복 대표께 깊은 감사의 말씀을 전한다.

저자라면 누구나 원하는 바겠지만, 이 책을 그저 한번 읽어보고 책꽂이에 꽂아두는 그런 종류의 책으로 여기지 말았으면 한다. 이 책은 변화와 성장의 과정에서 삶의 지침서가 되도록 설계되어 있고, 삶의 무게를 견디지 못해 누군가로부터 위로의 말을 듣고 싶은 사람들에게 삶의 활력소를 제공하도록 설계되어 있다. 따라서 인생의 험한 풍파가 앞을 가로막을 때마다 책장을 다시 펼쳐보면 지혜, 인식, 기량, 욕구, 행복을 키워 나갈 수 있을 것이다.

모쪼록 고통과 고난을 통해 얻은 나의 값진 교훈들을 총망라한 이 책이 성공적인 삶을 갈구하는 이 땅의 모든 분들에게 인생의 좋은 참고서이며 지침서가 되기를 바라마지않는다.

끝으로 2015년 을미년을 맞아, 독자 여러분과 이 책의 출판을 위해 수고해 주신 행복에너지 직원들의 앞날에 무궁한 발전이 있기를 기원하며 건투를 빈다.

2015년 새해를 맞으며

이장락

인간은 이따금 자신이 천부적인 능력을 부여받지 못했다며 불평하곤 한다. 그런데 사실은 자신에게 충분히 능력이 주어졌음에도 불구하고 그것을 제대로 사용하고 있지 못하는 경우가 많다. 당신의 내부에 엄청난 재능이 보석처럼 쌓여 반짝이고 있다는 데 어떠한 의심도 갖지 말라. 그것들은 지금 당신이 꺼내어 쓰기만을 기다리고 있다.

나를 다스리면
성공이 보인다

'나'는 누구인가?

'나란 대체 어떤 존재일까?'

누구나 한 번쯤은 이런 생각을 해 본 적이 있을 것이다.

'나는 적극적인 사람이다, 소극적인 사람이다.'

'나는 매사에 긍정적인 사람이다, 부정적인 사람이다.'

'나는 행복한 사람이다, 불행한 사람이다.'

등 그 대답은 헤아릴 수 없이 많을 것이다.

그러나 가장 근본적으로 생각을 좁혀 보면, '나'란 '스스로가 지금 생각하고 있는 것, 느끼고 있는 것 그 자체'라고 말할 수 있다. 행복하여 어쩔 줄 모를 때의 자신, 또 불행하여 미칠 지경일 때의 자신, 그것이 바로 '나'인 것이다. 다시 말해, 뭔가 좋은 것을 생각하거나 나쁜 일을 생각하고 있는 그 순간이 '나'인 것이다.

우리는 항상 '나는 행복한 사람인가, 아니면 불행한 사람인가?' 등과 같은 선택에 쫓기며 이 세상을 살아가고 있다. 그 해답은 우리 스스로에게 달려 있다. 우리의 선택 여하에 따라 우리 자신이 달라질 수 있기 때문이다. 항상 좋은 것만 생각하며 행복을 느낀다면 우리는 행복한 사람일 것이고, 나쁜 일만 생각하며 불행을 느낀다면 우리는 불행한 사람일 것이다.

이처럼 우리의 모습은 우리가 자신을 어떻게 생각하느냐에 따라 크게 달라질 수 있다. 정신법칙에 관한 세계적 권위자인 미국의 머피 박사는 그의 저서 『잠재의식을 이용한 성공법칙』에서 '보다 나은 우리, 보다 행복한 우리'를 선택하는 원리와 방법을 명백히 제시해 주고 있다.

그의 말에 의하면, 우리가 마음속으로 좋은 것을 생각하면서 그 일을 간절히 기대하면 잠재의식이 좋은 것으로 연결되는 기회만을 잡을 수 있도록 인도해 주어 실제로 그와 같은 좋은 일이 일어나게 된다고 한다.

록펠러와 같이 크게 성공한 사람들의 이야기를 들어보면, 그들의 마음속에는 항상 '인생의 밝은 면만을 바라보려는 희망적인 요소'가 깃들어 있음을 알 수 있다.

또 주위를 한번 살펴보자. 어떤 사람들은 타인으로부터 정중한 대우를 받고 있는가 하면 어떤 사람들은 멸시를 받고 있음을 볼 수 있을 것이다. 도대체 어디에서 이러한 차이가 생겨나는 것일까?

한 마디로, 우리는 자기가 자신에 대해 얼마나 값어치 있게 생각하느냐에 따라 남에게서도 그만큼 대우를 받게 되는 것이다. 즉 우리가 생각하는 평소의 사고방식이 그러한 결과를 초래하는 것이다. 그러니까 스스로가 자신에 대해 남보다 뒤떨어져 있다고 생각하면 그 사람은 자신의 본질과는 관계없이 그런 사람이 되는 것이다. 그 사람의 사고방식이 '남보다 못하도록 자신의 행동을 규제하기 때문'이다.

이처럼 자기 자신이 자신을 중요하다고 생각하지 않으면 정말로 '중요하지 않은 보잘것없는 사람'이 되는 것이다. 따라서 마음속으로 '나는 세상에서 꼭 필요하고 대단히 중요한 사람'이라고 생각할 필요가 있다. 그러면 다른 사람도 역시 나를 그와 같이 생각하게 된다.

스스로가 자신을 무시한다면 누가 당신을 우러러보며 존경하겠는가? 따라서 남으로부터 존경을 받고 싶다면 우선 '나는 남으로부터 존경받을 만한 값어치가 있는 사람'이라고 생각할 일이다. 당신이 자신에 대해 그렇게 생각할 때 타인도 역시 그만큼 당신에 대해 존경심을 갖게 되는 것이다.

머피 박사는 이렇게 말하고 있다.

"마음속에 품은 생각은 반드시 표면으로 나타나게 되고, 또 그대로 이루어지게 되어 있다."

그러므로 나의 마음속에 불건전하고 부정적인 생각이 있다고 판단되면 이를 과감히 버리고 그 자리에 건전하고 긍정적인 생각들을 채워서 새로운 자신을 형성할 일이다.

자신의 존재가치가 얼마나 되는지 궁금해 하는 제자에게 스승은 보석을 하나 주면서 그 값을 알아보라고 했다. 제자는 먼저 야채가게에 들러서 물었다.

"이 보석을 드리면 내게 무엇을 주겠소?"

야채 가게 주인이 대답했다.

"배추 두 포기를 주겠소."

이번에는 대장간으로 가서 물었다.

"이 보석을 드리면 얼마를 주시겠소?"

평소 보석에 관심이 많았던 대장장이는 꽤 많은 돈을 주겠다고 제의했지만 제자는 거절하고 다시 한 보석상을 찾아 들어가서 값을 물었다. 보석을 손으로 이리저리 굴리며 유심히 살펴보던 보석상 주인은 놀라움을 금치 못했다.

"이 보석은 돈으로 환산할 수 없을 만큼 엄청난 가치를 지니고 있습니다!"

제자는 이 말을 듣고 스승에게로 돌아와 자초지종을 설명했다.

제자의 말을 듣고 난 스승이 말했다.

"사람은 자신을 하찮은 배추 두 포기에 팔아넘길 수도 있고, 또 어느 정도의 돈을 받고 팔아넘길 수도 있다. 하지만 그처럼 마음먹기에 따라서 돈으로 따질 수 없을 만큼 고귀한 존재로 자신을 만들 수도 있는 것이다. 그 모든 것은 자신이 어떻게 생각하고 행동하느냐에 달려 있는 것이야."

주변 사람들을 생각하며, 그들이 과연 당신의 가치를 어떻게 생각할지를 생각해 보자. 그러면 당신에 대한 그들의 평가가 제각각이라는 것을 알 수 있을 것이다.

당신은 자신에 대해 과연 얼마만큼의 값어치가 있다고 생각하는가?

'나'를 알아야 인생에서 성공할 수 있다

내가 나를 안다는 것은 그리 쉬운 일이 아니다. 따라서 나를 알려면 주위에서 다른 사람들이 나에 대해 어떻게 평가하는지 그 말에 귀를 기울여 볼 일이다.

다음은 세상에서 크게 성공한 사람이 문제를 만들고 거기에 해답을 내린 것들이다. 이를 토대로 당신의 인생 문제를 생각해 보면 당신이 앞으로 나아갈 길을 결정하고 인생의 제반 문제와 당신 자신과의 관계를 깨닫는 데 커다란 도움이 될 것이다.

1. 나는 인생의 명확한 목표를 가지고 있는가?

2. 친구나 동료, 그리고 윗사람에게 성실하고 솔직한가?

3. 자신의 목표를 이루기 위해 항상 노력하고 있는가?

4. 장래를 위한 지식을 쌓기 위해 열심히 연구하는가?

5. 작은 일에 쉽게 실망하거나 낙담하지는 않는가?

6. 생활상의 어려움으로 인해 극단적으로 낙관하거나 비관하지는 않는가?

7. 실망 또는 낙담했을 때 평상시와 같이 계속해서 일할 수 있는가?

8. 주어진 일에 온 정력을 쏟고 있는가?

9. 어제 그르친 일로 인해 오늘 일에 영향을 받는 경우는 없는가?

10. 신속하고 명확한 결단을 내릴 수 있는가?

11. 확신 있는 해답을 내릴 수 있을 때까지 문제에 집중할 수 있는가?

12. 생각이 깊고 신중하며 기지가 있고 친절한가?

13. 자신의 의견과 다른데도 불구하고 다른 사람의 말만 좇는 편은 아닌가?

14. 일에 대하여 빈틈이 없고 일하는 태도가 훌륭하다고 생각하는가?

15. 수입의 몇 %를 저축하고 있는가?

16. 교양과 지위의 향상을 위해서 수입의 몇 %를 쓰고 있는가?

17. 현재의 일은 자신의 인생에 얼마나 의의를 가지는가?

18. 현재의 일은 자신의 일생을 걸 만큼 희망이 있는가?

19. 희망이 없다면 일생을 걸 만한 다른 적합한 일이 있는가?

20. 자신의 인생에 궁극적인 목표를 달성할 수 있는 인물인가?

위의 20문항에 대한 해답은 당신에게 있어서 중요한 지침이 되며, 당신이 자신의 인생행로에서 부딪치게 되는 여러 가지 문제에 대해 처리 방법을 알려줄 것이다.

위의 사항은 언뜻 보면 아무 것도 아닌 것 같지만 실은 그렇지 않다. 따라서 그 뜻을 잘 생각하고 여기에 대한 긍정적인 답변을 내릴 수 있도록 자기의 생활 태도를 고치고자 노력할 때 당신은 성공의 가장 큰 요건이 되는 긍정적이고 확신적이며 활동적인 인생관을 획득하게 된다. 그러면 당신은 세상을 비관적으로 보거나 회의적인 두려움에 빠지지 않게 되며 높은 이상을 기대할 수 있게 되는 것이다.

그리고 3개월 후에 각 사항에 대해 다시 한 번 답변해 보도록 하자. 그런 다음 3개월 전에 내렸던 해답과 이번의 해답을 비교해 보자. 이것을 끊임 없이 되풀이할 때 당신은 더욱 진보·향상되는 자신의 모습을 발견할 수 있게 될 것이다.

'나'는 훈련시키기에 따라 달라질 수 있다

입구가 넓은 커다란 병 속에 벼룩 몇 마리를 잡아넣고 뚜껑을 닫으면 벼룩들이 병 속에서 빠져나오기 위해 계속해서 위로 톡톡 뛰어오르지만 벼룩들은 그때마다 번번이 뚜껑에 부딪히면서 다시 바닥에 떨어진다. 그러다가 어느 시점에서부터 벼룩들은 더 이상 뚜껑이 있는 곳까지 뛰어오르지 못하게 되는데, 이때 슬며시 뚜껑을 열어 놓으면 비록 벼룩들은 열심히 뛰고 있지만 절대 병 밖으로 뛰쳐나오지 못한다.

왜 그럴까? 이유는 간단하다. 벼룩은 자기 자신이 뛸 수 있는 일정한 한계를 마음속으로 정해 놓았기 때문이다. 우리는 이 간단한 실험을 통해 우리의 그릇되고 부정적인 생각이 우리 안에 내재되어 있는 잠재능력을 얼마나 한정적으로 얽매어 놓는지를 알게 된다.

사람들도 이와 같다. 대부분의 사람들은 어떠한 원대한 목표를 정해 놓고 그것을 달성하기 위해 노력한다. 그러나 인생을 살다 보면 적어도 몇 번쯤은 실패 등과 같은 어떤 장애물에 부딪히게 되는데 그 결과 그는, '나는 더 이상의 능력이 없다'고 하는 부정적인 영향력에 예민하게 반응하는 사람이 되고 만다. 그러나 그런 상황에서도 긍정적이고 적극적인 성격의 소유자는 굴하지 않고, 어떻게 하면 자신이 병 밖으로 뛰쳐나올 수 있을지를 연구한다.

그럼 우리 인간의 잠재능력에 대해 알아보기로 하자.

우리는 자동차 운전을 배울 때 온 신경을 곤두세우고 의식적으로 배운다. 하지만 완전히 배우고 나서 숙달이 되면 어떠한가? 브레이크와 액셀레이더 등을 무의식적 혹은 자동적으로 밟거나 떼거나 한다. 그러한 행동은 거의 반사적이라 할 수 있다.

당신은 지금 컴퓨터 자판을 1분에 몇 타나 칠 수 있는가? 처음 컴퓨터 자판을 익힐 때는 글자 한 자 한 자를 칠 때마다 무던히도 신경을 곤두세웠을 것이다. 타이핑을 의식적으로 했을 테니 말이다. 그땐 정말이지 머리도 아프고 괴로웠을 것이다. 그런데 지금은 어떠한가? 자판에 거의 신경 쓰지 않아도 저절로, 즉 무의식적으로 아주 잘 쳐대고 있지 않는가?

이처럼 어떤 일을 의식적으로 배우고 나면 그 이후로는 그 일이 잠재의식의 세계로 내려가게 되는데, 그제서야 비로소 일을 훌륭하게 척척 해낼 수 있게 된다. 물론 이렇게 되기까지에는 부단한 노력과 연습을 필요로 한다. 반사적인 행동이나 조건반응처럼 어떤 자극에 대해 무의식적으로 긍정적인 반응을 나타내게 되는 것이다.

당신이 현재 잘하고 있는 모든 것은 잠재의식의 힘에 의한 것이다. 여기에는 자세도 포함된다. 즉 자세나 반응도 무의식적으로 할 수 있게 된다. 긍정적인 상황뿐만 아니라 부정적인 상황에 처했을 때라도 본능적으로 긍정적인 반응을 완벽하게 보일 수 있게 된다.

이러한 잠재의식은 완벽한 기억력을 가지고 있다. 우리가 보고 듣고 생각한 모든 것이 잠재의식 속에 완전하게 자리 잡게 된다. 잠재의식은 결코 잠을 자거나 쉬는 일이 없다. 24시간 내내 깨어서 하나하나의 사건을 모두 기억 속에 담고 그에 반응한다. 어떤 정보라도 자기 마음대로 해석하거나 거부하는 일 없이 보고 듣고 생각한 모든 것을 그대로 받아들인다.

심리학자들의 말에 의하면 인간은 자신이 갖고 있는 능력의 2 내지 5퍼센트밖에 사용하지 못한다고 한다. 이 점에 대해 당신은 어떻게 생각하는가? 나머지 95 내지 98 퍼센트라는 엄청난 잠재능력이 아깝다고 생각하지 않는가?

옛날에 오클라호마의 땅에서 유전이 발견되어 그 땅을 경작하고 있던 인디언이 졸지에 벼락부자가 된 일이 있었다고 한다. 그는 많은 돈이 생기자 대형 자동차인 캐딜락을 구입하여 날마다 드라이브를 즐기곤 했는데, 흥미로운 것은 전혀 운전을 배운 적이 없는 그가 단 한 번도 자동차 사고를 낸 적이 없다고 한다. 그 이유는 간단했다. 그 크고 아름다운 자동차를 두 마리의 말이 끌고 다녔기 때문이다.

그 차는 100마력의 성능을 갖고 있었다고 한다. 그런데도 불구하고 그 늙은 인디언은 전혀 자동차 운전을 배우려 하지 않고 단지 두 마리의 말을 사용했던 것이다. 이처럼 많은 사람들은 자신의 내부에 100마력 이상의 거대한 힘을 지니고 있으면서도 그것을 깨닫지 못하고 눈에 보이는 외부의 2마력에만 마음을 쓰는 실수를 범하곤 한다.

당신의 내부에 엄청난 재능이 보석처럼 쌓여 반짝이고 있다는 데 어떠한 의심도 갖지 말기 바란다. 그것들은 지금 당신이 꺼내어 쓰기만을 기다리고 있다. 자, 그럼 그것을 꺼내어 쓸 수 있는 방법을 학습하기 위한 여행을 계속해 보자.

'나'도 천재가 될 수 있다

다른 사람보다 부단히 노력함으로써 그 천부적인 능력을 현저하게 발휘한 사람들을 우리는 보통 '천재'라고 부른다. 그런데 이 천재라는 것이 보통 사람들에게 있어서 어떤 의미가 있을까?

천재란, 뛰어난 천부적 재능을 가지고도 쉬지 않고 부단히 노력하는 사람을 말한다. 즉 굳게 참고 견디어 노력하는 것, 이것이 천재의 참뜻이다. 그 어떤 전기를 보더라도 천재로서 크게 명성을 떨친 사람들 뒤에는 반드시 그 성공을 달성하는 데 필요한 각고의 노력이 밑거름으로 작용했음을 우리는 알 수 있다.

뉴저지의 멘로우파크에 있는 토마스 에디슨의 연구실엔 에디슨이 원통형 축음기의 발명에 몰두하고 있을 당시에 사용하던 침대가 하나 놓여 있다고 한다. 이 침대야말로 에디슨의 성격과 일하는 태도의 상징이라고 할 수 있다. 에디슨은 밤낮을 안 가리고 연구하다가 견딜 수 없을 만큼 피곤해지면 잠시 이 침대에 드러누워 눈을 붙여 피로를 푼 다음 또다시 발명에

몰두했다고 한다. 에디슨은 그 정도로 전심전력을 기울여 자기의 일에 몰두
하였던 것이다.

그래서 보통사람들은 천재를 두고 '거의 광인에 가깝다'고들 말한다. 그
러나 이는 천재에 대한 적절한 표현이 아니다. 천재는 우선 그 성장하는 과
정에 있어서 비범한 집중력을 가지고 있다. 그 비범한 집중력으로 단 한 번
의 곁눈질도 하지 않고 오로지 자신의 한 가지 목적을 이루기 위해 마치 신
들린 사람처럼 일에 열중한다. 보통 사람의 눈에는 이것이 마치 미친 짓처
럼 보일지 모르지만 사실 이것은 매우 건전한 정신작용 외에는 아무 것도
아니다.

천재는 이같이 끝없는 열정과 집중력 외에도 하나의 투철한 '신념'을 가
지고 있는데, 이러한 자기의 사명과 능력에 대한 신념은 천재의 뚜렷한 특
징이기도 하다.

천재란 보통사람들이 공상이라고 생각하는 것들을 실현하는 사람이다.
자기에게 맡겨진 숙명을 바라보고 자신의 천부적인 재능을 더욱 연마하여
발전시키는 데 정진한다. 그리고 발달과 변천의 여러 단계를 지나 마침내
그 공상을 실현하는 능력을 획득하는 것이다.

천재라고 해서 두뇌가 보통사람들과 달리 특별한 작용을 하는 괴물 같
은 존재가 아니다. 예컨대, 마술사가 모자 속에서 비둘기나 토끼를 튀어나
오게 하는 식으로 순식간에 대기업을 이루고, 대발명품을 만들고, 대예술
품 등을 만드는 것이 아니라는 것이다.

그러나 천재의 공통적인 특징으로서 보통사람들에게서는 좀처럼 발견
할 수 없는 것이 하나 있다. 그것이야말로 천재에게 진정한 천재로서의 구실
을 하게 하는 도구라고 할 수 있는데, 이는 천재의 생애를 잘 살펴보면 알
수 있다. 즉 천재들은 자기 스스로 '뜻있는 목표를 붙잡는다'는 것이다.

그리고 그 목표에 도달하기 위해 부단히 배우며 노력한다. 쉬지 않고 부지런히 실패와 성공을 번갈아 가며 꾸준히 나아가 자기의 내부에 있는 힘을 단련시킨다. 건강할 때나 그렇지 못할 때, 또는 슬플 때나 기쁠 때나 그들은 과감히 행동하여 일을 맞아들인다.

이와 같이 자기의 꿈을 현실로 만드는 힘은 자기 자신의 내부에 있는 것이며, 이것을 단련함으로써 그 힘을 반드시 자기 것으로 할 수 있는 신념을 잃지 않는 것이다.

천재의 특징을 살펴보면 다음과 같다.

첫째, 천재는 천부적인 재능을 가지고 있는데 그것이 인생의 초기부터 현저하게 나타난다.

둘째, 천재는 자신이 해야 할 일을 자신이 발견한다.

셋째, 천재는 자신의 성격의 경향과 성능을 단련하여 최고로 발전시킨다.

넷째, 천재는 끊임없이 노력함으로써 자신의 능력을 최대한으로 활용한다.

다섯째, 천재는 어떠한 난관에 부딪힌다 해도 결코 열정을 잃는 법이 없다.

여섯째, 천재는 직감적인 통찰력, 즉 영감을 얻을 수 있을 만큼의 정력과 두뇌를 집중적으로 사용한다.

일곱째, 천재는 목표 달성에 필요한 대가를 치르며, 반드시 목표한 바를 이룰 수 있다는 신념을 잃지 않는다.

이 일곱 가지 특징은 모든 위인들의 공통점이기도 하다.

우리가 천재의 뛰어난 재능을 바랄 수는 없을지라도 각자가 자기의 환경과 능력의 범위 내에서 천재들이 사용한 방법을 활용할 수는 있다. 천부적으로 타고난 재능이 없기 때문에 자기의 목적을 이룰 수 없다는 생각은 잘

못된 것이다. 실패하는 대개의 이유는 끈기와 노력이 없기 때문이다. 즉 게으르거나 앞날을 두려워하여 그대로 주저앉아 버리기 때문이다. 이런 사람에게 어떻게 승리가 찾아올 수 있겠는가?

성공한 사람들의 중요한 특징 중 하나가 바로 끝장을 보고 마는 근성이다. 사실 천재는 부단히 노력한 끝에 붙여진 이름에 불과하다. 오늘날 많은 사람의 문제는 주어진 일을 되는 대로 적당히 하면서도 최상급 상품을 만들 수 있다고 착각한다는 것이다.

대제국 건설의 꿈을 실현한 사람, 거부의 꿈을 실현한 사람, 대기업가와 대예술가의 꿈을 실현한 사람 등의 모든 위인들은 모두 험난한 인생의 항로를 개척하고 돌파하여 극복했던 사람들이다. 그렇지 않고서는 결코 자신의 꿈을 실현할 수 없는 것이다.

공상을 현실로 만드는 것은 지식과 훈련과 기술을 충분히 연마한 후에 가능하다. 그러고 나서 인생 관리의 올바른 방법에 따라 수행할 때 당신의 삶은 실로 놀라운 행복으로 가득 찰 수 있게 될 것이다. 이것은 당신 안에 있는 잠재능력으로 훌륭히 해낼 수 있는 일이다.

『탈무드』에는 성경의 '창세기'에 대한 이야기들이 짤막하게 실려 있다.

처음에 하나님이 새를 만들 때는 새에게 날개가 없었다.
그래서 새는 하나님한테 호소했다.
"뱀은 독을 갖고 있습니다. 그리고 사자는 날카로운 이빨을 갖고 있습니다. 말은 뒷발이 있죠. 그러나 저에게는 아무 것도 없으니 저 자신을 어떻게 지키면 좋겠습니까?"
하나님은 새의 말에도 일리가 있다고 생각하여 새에게 깃과 날개를 달아주었다.

그러나 얼마 후에 새가 다시 찾아와서 고충을 호소했다.

"날개는 쓸모없이 무거운 짐만 될 뿐입니다. 날개를 몸에 달고 있기 때문에 전처럼 빨리 달릴 수가 없습니다."

하나님이 혀를 차며 새에게 말했다.

"어리석은 새여, 네 몸에 있는 날개를 사용해 볼 생각도 못했는가? 너에게 양쪽 날개를 준 것은 무거운 짐으로 짊어지고 걸어 다니라는 것이 아니라 네가 위협을 당할 때 날개를 이용하여 하늘 높이 날아서 도망치라고 준 것이니라."

인간은 이따금 자신이 천부적인 능력을 부여받지 못했다며 어리석은 불평을 한다. 그런데 사실은 자신에게 충분히 능력이 주어졌음에도 불구하고 그것을 제대로 사용하고 있지 못하는 경우가 많다. 그 가장 좋은 예가 인간의 두뇌이다. 근대의학에서도 인간은 뇌세포의 극히 일부분밖에는 사용하고 있지 않다고 한다.

자신이 가난하다든가 학력이 없다든가 배경이 없다고 하여 탄식해서는 안 된다. 그러면 이 이야기에 나오는 새처럼 되어 버린다. 당신에게는 몸도 있고 머리도 있다. 그리고 어느 누구에게나 평등하게 주어진 시간도 있다. 따라서 당신이 하고자 하는 일에 열과 성을 다하고 '나도 할 수 있다'는 절대 긍정적인 마음만 갖는다면 멀게만 느껴지던 성공은 바로 당신의 것이 될 수 있다는 사실을 조금도 의심치 말기 바란다.

내 마음속의 빈 병

어떤 여인이 자신의 질병 목록을 적어 가지고 의사를 찾아갔다. 그러나 검진을 끝낸 의사는 그녀에게 신체적으로 아무런 이상이 없는 걸 확신했다. 단지 그녀의 병은 삶에 대한 그녀의 부정적인 자세, 이를테면 마음의 고통과 슬픔에서 비롯된 것이라고 생각했다.

의사는 무엇보다도 그녀의 쌓인 감정을 풀어 주는 것이 해결책이라고 생각했다.

잠시 후에 의사는 온갖 종류의 약들이 즐비한 조그만 방으로 여인을 데리고 갔다. 그리고 빈 병으로 가득 찬 선반을 그녀에게 보여 주며 말했다.

"저기 속이 텅 비어 있는 병들이 보이지요? 저것들은 모양이 제각각이지만 근본적으로는 아주 흡사하지요. 우선 저 병들 속에는 아무 것도 담겨 있지 않다는 점이 서로 같은 점입니다. 나는 지금 저 중 하나를 집어서 그 안에다 사람 한 명쯤은 너끈히 죽이고도 남을 만한 양의 독을 집어넣을 수도 있습니다. 혹은 열을 내리게 하고, 두통을 사라지게 하고,

우리에게 주어지는 하루하루는 이런 빈 병들 중의 하나와도 같다. 우리는 삶에 대한 긍정적이고 건설적인 생각으로 그것을 채울 수도 있고, 반대로 지극히 부정적이고 파괴적인 생각으로 채울 수도 있다. 그곳에 무엇을 채우든 그것은 자신이 선택할 문제다.

암모니아 냄새가 코를 강하게 찌르는 홍어, 이 홍어를 썩은 생선이라고 생각하면 화장실 냄새처럼 악취를 풍기는 쓰레기가 되어 버리고 숙성된 생선이라고 생각하면 콧속을 시원하게 해주는 맛있는 생선이 되는 법이다.

당신의 생각에는 아직 채굴되지 않는 막대한 양의 금은보화가 묻혀 있다. 그 생각이 부정적이냐 긍정적이냐에 따라 당신의 운명이 달라진다.

당신의 생각이 당신의 말이 되고
당신의 말이 당신의 행동이 되며
당신의 행동이 당신의 습관이 되고
당신의 습관이 당신의 품성이 되며
당신의 품성이 당신의 운명이 된다.

베이컨은 “아는 것이 힘이다.”라고 했지만 요즘에는 컴퓨터, 스마트 기기들이 지식들을 맡아서 처리해 준다. 따라서 이제는 생각의 힘이 곧 능력이다.

생각하는 대로 살지 못하면 사는 대로 생각하게 된다. 그래서 스스로 생각하지 않는 사람은 자기 대신 생각해 주는 사람의 영향 하에서 만족하지 않으면 안 된다.

그렇다면 생각하는 힘을 어떻게 되살릴 것인가?

세계의 고전 속에서 생각의 대가들로부터 배워야 한다. 독서로 새로운 걸 배울 때마다 뇌는 신경세포 네트워크로 새로 만들어진다. 즉 소프트웨어를 업그레이드 시키는 것이다.

당신은 당신의 마음속 빈 병에 무엇을 채우겠는가?

마음속에 부정적인 생각이 찾아들면 강한 긍정으로써 그것을 제압하는 것이 필요하다. 불이 나면 물로 끄듯이 마음속에 부정적인 생각이 찾아오면 강한 긍정으로 이를 물리쳐야 한다.

비관적이고 부정적인 말과 생각은 언젠가 현실로 옮겨지게 되어 있다. 비극도 유전성이 있다. 우리가 낙관적이고 긍정적으로 살아야 하는 이유가 바로 여기에 있다. 인간의 삶은 그 출발점을 '부정'과 '긍정' 중 어디에 두느냐에 따라 확연하게 달라진다.

PART 02

사고방식이
팔자를 바꾼다

사고방식이 팔자를 바꾼다

마음가짐이 성공과 실패를 좌우하는 매우 중요한 요소가 된다는 것은 세상 사람 모두가 공감하는 바일 것이다. 따라서 성공하기 위해서는 마음자세가 당신의 재능보다도 더욱 중요하다고 말할 수 있다.

미국 심리학의 아버지라고 불리는 윌리엄 제임스는 이렇게 말하고 있다.

"우리 시대의 가장 중요한 발견은 '우리가 자세를 바꿈으로써 우리의 생활을 바꿀 수 있다'는 사실을 찾아낸 것이다."

그가 우리에게 말하고자 하는 것은 '우리가 갖고 있는 자세에 우리가 매여 있는 것이 아니다'라는 것이다. 즉 현재 당신의 자세가 좋든 나쁘든 간에 그것은 당신이 마음먹기에 따라 바꿀 수 있다는 것이다. 따라서 지금 당신의 마음자세를 진단해 보아서 좋지 않다고 생각하면 과감히 바꿀 일이다. 마음속에 간직해서 좋은 것이라면, 즉 그 자세가 당신의 앞날에 도움이 되는 것이라면 언제까지라도 귀히 보관하고 간직해야겠지만, 그것이 당신의 앞날에 걸림돌이 된다고 생각된다면 과감히 버려야 한다.

대부분의 사람은 자세로써 상황을 변화시키려 하기보다는 상황에 의해 자세를 조절 당하고 있다. 즉 자신들이 하는 일이 생각대로 잘되어 가면 그들의 자세는 좋아지지만, 일이 제대로 풀리지 않으면 그들의 자세도 나빠지는 것이다.

그러나 이러한 것은 올바른 접근 방식이 아니다. 우리 앞에 시시각각으로 찾아오는 '상황'을 우리가 마음대로 조절할 수는 없지만 우리의 '자세'를 마음대로 그 상황에 맞출 수는 있다. 이것이 바로 '자세조정'이라는 것인데, 이 자세조정을 하면 모든 일이 잘 되어 갈 때는 물론 그렇지 않을 때에도 당신의 자세는 여전히 좋을 것이다. 이는 곧 모든 일이 다시 잘 되어 갈 것을 의미한다.

적극적이고 긍정적인 사고가 성공을 부른다

인간의 마음은 우리가 먹인 것에 따라 움직인다

적극적이고 긍정적인 사고는 당신의 인생을 성공으로 이끄는 또 하나의 길이며 열쇠이다.

이 말의 놀라운 힘을 이해하기 위해 먼저 그 반대어인 '부정'이란 말을 생각해 보자. 당신이 만일 '부정적인 말'을 자주 사용하게 될 경우 그 말은 실로 무서운 결과를 초래한다. 사고를 중단시키고, 발전을 저해하며, 창조의 문을 폐쇄시킨다.

미국의 유명한 저술가이며 자기계발·성공학의 권위자인 지그지글러 씨는 그의 저서 『정상에서 만납시다』에서 이렇게 말하고 있다.

"우리는 어떠한 단어가 마음속에 그에 대한 그림을 그린다는 것과, 마음이 그 그림을 연상한다는 것을 알고 있다. 예컨대, 당신은 '실패', '할 수 없다', '거짓말쟁이' 또는 '벙어리'라는 말을 읽거나 본다면 당신은 그 말에 의해 마음에 그려진 그림을 완성하기 위한 행동을 취하게 된다. '말더듬이'라는 말이 없다면 그 마음은 말더듬이에 대한 그림을 그릴 수 없으며 연상할 수도 없다. 그 결과 말더듬이가 전혀 없게 되는 것이다."

나는 당신이 사용하는 단어들을 변화시킴으로써 당신의 인생을 변화시킬 수 있다고 확신한다. 단어가 바뀌면 생각이 바뀌고, 그렇게 되면 자연히 행동도 달라지기 때문이다.

미국의 한 소년이 자기 아버지로부터 용돈을 타내기 위해 꾀를 냈다.
"아버지, 지금 돈이 필요해요. 당장 돈을 주지 않으면 자살할 거예요."
자살한다는 말에 크게 놀란 아버지는 호주머니에서 얼른 돈을 꺼내어 자기 아들에게 주었다.
재미를 붙인 소년은 그 후 돈이 필요할 때마다 아버지에게 자살하겠다고 협박했고, 아버지도 아들이 그 말을 꺼낼 때마다 어김없이 돈을 주었다.
그 소년이 장성해서 한 여성과 결혼했다. 그런데 안타깝게도 출산 과정에서 아내가 죽고 말았다.
남편은 그 충격을 이겨낼 힘이 없었고 혼자서 아이를 키울 자신도 없었다.
그래서 결국 그는 권총으로 자기 머리를 쏘아 자살하고 말았다. '자살'이란 말을 입에 달고 다니던 그의 삶이 그대로 실현된 것이다.
비극은 여기에서 끝나지 않고 아들에게로 이어졌다. 부모 없이 고아로 자라다 보니 아이의 성격은 점점 흉폭하고 비관적으로 변해 갔다. 청년이 되어서도 주위 사람들은 그를 거들떠보지도 않았다.
어느 날 청년은, 거리에서 시민들과 악수를 나누고 있는 윌리엄 맥킨리

이처럼 비관적이고 부정적인 말과 생각은 언젠가 현실로 옮겨진다. 비극도 유전성이 있다. 우리가 낙관적이고 긍정적으로 살아야 하는 이유가 바로 여기에 있다. 그러니 부정적인 말들을 우리의 일상 언어에서 삭제해 버리자. 그런 것들을 보지도 말고, 생각하지도 말고, 읽지도 말자. 그 말을 써야 한다면 긍정적인 말로 교체하여 쓰고, 그것을 느끼고 보고 꿈꾸도록 노력하자. 우리가 사용하는 말 중에는 대체할 수 있는 말들은 무수히 많다. 이와 함께 거기에 따르는 이익도 끝이 없을 것이다.

성공한 사람들은 왜 긍정적일까? 다시 말해, 긍정적인 사람들은 왜 성공할까?

그들이 긍정적인 이유는 그들의 마음에 정기적으로 좋고 깨끗하고 힘이 있고 긍정적인 생각을 먹이고 있기 때문이다. 그들은 날마다 음식을 먹어 육체를 살찌우는 것처럼 날마다 그런 생각을 먹음으로써 마음을 살찌우고 있는 것이다.

따라서 항상 '하면 된다'라는 적극적이고 긍정적인 생각이나 말을 되풀이할 필요가 있다. 그러면 그것이 잠재의식에 스며들게 되어 부정적 사고를 타파하는 데 놀라울 정도의 영향력을 발휘할 것이다. 그리고 지금까지 속박당해 왔던 꿈과 희망을 되살아나게 하고 용기와 정열이 맹렬히 불타오르게 할 것이다. 당신의 계획은 다시 세워져서 활발히 추진될 것이며, 먼지 속에 파묻혔던 희망들은 되살아나 힘찬 날갯짓을 하게 될 것이다.

적극적 감정으로 심신의 리듬을 조절하라

에드워드 포덜스키는 그의 저서 『음악적 치료』에서 다음과 같이 말하고 있다.

"데카르트의 유명한 말, '나는 생각한다. 고로 나는 존재한다'는 '나는 리듬을 가지고 있다. 고로 나는 존재한다'라고 읽어야 한다. 이제 음악적 리듬은 두뇌의 리듬과 두뇌의 기능에 깊은 영향력을 지니고 있는 것으로 증명되고 있다."

그는 '두뇌의 조화적 또는 비조화적 리듬은 자극에 의해 영향을 받는다'는 사실을 발견했다. 그는 또 '음악적 리듬은 두뇌의 리듬에 깊은 영향을 미치며, 동시에 두뇌의 리듬은 두뇌의 기능에 영향을 미친다'는 사실을 발견했다.

아인슈타인은 물리학 연구가 잘 풀리지 않을 때면 바이올린이나 피아노를 연주하곤 했다고 한다. 연구가 막다른 길에 봉착했거나 난관에 부딪혔다고 느낄 때 음악에서 안식처를 구하였다던 것이다. 심지어 아인슈타인은 상대성이론은 직관에 떠오른 것이며, 이 직관이 작동하도록 뒤에서 힘을 밀어준 것이 음악이었다고 말할 정도로 음악이 두뇌에 미치는 영향이 깊음을 암시하였다. 무엇보다 저명한 과학자들이 탁월한 화가나 음악가이기도 했다는 사실에 주목하자.

『음악 속에 숨은 의학』의 저자인 임은희 씨는 그의 저서에서 이렇게 말하고 있다.

"음악은 인간의 행동을 결정하며 감정과 경험을 조절하여 인간의 모습을 형성시킨다. 이렇게 이루어진 음악과 인간과의 관계는 이후에도 계속된다. 인간은 음악을 창조하고, 그 음악은 다시 인간에게 영향을 주고, 이처럼 반복되는 서로의 관계 속에서 건강의 본질과 삶의 활력을 찾게 된다."

느린 음악을 듣게 되면 몸과 마음이 안정된 느낌을 갖게 되고 반대로 빠르고 경쾌한 행진곡을 들으면 몸과 마음이 들썩이는 것을 느낄 수 있다.

이는 비단 음악뿐만이 아니다. 우리의 사고 역시 이와 같은 리듬을 만들어 낸다. 우리가 부정적인 사고를 하게 되면 우리의 인체 리듬은 어둡고 암울하게 되어 기분을 침체시키고, 반대로 긍정적인 사고를 하게 되면 우리의 신체 리듬은 밝고 활동적이게 되어 더욱 적극적인 자세를 갖게 된다.

우리의 감정은 우리의 두뇌 리듬을 결정할 수가 있다. 적극적인 사고가 정열을 가져다주는 리듬을 자극하는 반면, 소극적 사고는 마음속에 불안을 가져오고 정열을 순식간에 사라지게 만들며, 내적인 조화된 리듬을 파괴하는 동시에 긴장을 가져다준다.

그러므로 당신의 두뇌를 적극적인 사고로 가득 채울 것을 권한다. 그러면 원활한 리듬이 되살아나서 다시 즐거운 리듬을 시작하게 될 것이다.

적극적 사고를 강화시켜 소극적 사고에 대항하라

혹시 당신이 지금 그 소극적인 세력에 뜻이 꺾여서 체념 상태에 있는 것은 아닌지 모르겠다. 명심하자, 소극적인 자세보다 더 파괴적인 요소가 없다는 것을. 그러나 적극적 확신은 소극적 사고가 나타나기 전에 그것을 막아 준다.

옛날 뱃사람들에게 가장 두려운 것은 외딴섬에서 들려오는 '요정의 노랫소리'였다. 밤중에 선원들이 배를 타고 이 섬을 지나노라면 사람의 간장을 녹일 듯한 요정의 노랫소리가 들려온다. 그러면 선원들은 그 음악에 도취해 비틀거리며 바다에 뛰어들었다. 그래서 아침이면 선원들은 모두 바다에 빠져 죽고 빈 배만 동동 떠 있곤 했다.

그러나 어떤 배는 그 섬을 지나쳤지만 단 한 사람의 희생자도 없었다. 그 이유는 간단했다. 요정의 노래가 시작되면 선원들은 모두 입을 모아 그보다 훨씬 더 큰 소리로 힘차게 노래를 불렀다. 요정의 노래는 선원들의 장엄한 합창 소리에 완전히 눌렸다.

선원들은 요정이 노래를 부르지 못하게 하지 않았다. 그 대신 우렁찬 합창으로 요정의 노래를 제압한 것이다. 우리의 인생도 마찬가지다. 마음속에 부정적인 생각이 찾아들면 강한 긍정으로 그것을 제압하는 태도가 필요하다.

잡초를 무력화시키는 유일한 방법은 목초를 더욱 강하게 가꾸는 데 있다. 마찬가지로 소극적 사고를 없애는 가장 좋은 방법은 '적극적인 말을 하는 것'이다. 그리고 그 말을 마음속으로 확신하는 것이다.

그럼, 적극적인 생각을 가지려면 어떻게 하면 좋을까?

첫째, 매일 만나는 사람들과 긍정적인 이야기를 나누자. 정열적인 사람들은 항상 기쁜 소식, 따뜻한 인사, 재미있는 이야기, 향상적인 보고, 낙관적인 예견을 한다는 사실을 기억하자.

둘째, 어떠한 상황에서도 항상 긍정적이고 좋은 면만을 보려고 노력하자.

셋째, 어떠한 상황에서도 '적극적 사고는 작용할 수 있다'고 생각하자.

그러한 생각은 당신의 정신을 정열적이고 적극적인 사고로 채워 주게 된다.

넷째, 자신에게 '나는 왜 안 되는가?' 하고 반문해 보자. 만약 당신의 머리에 무엇인가 좋은 생각이 떠올랐는데도 그것을 실행에 옮기지 않는다면 다른 누군가가 분명히 그것을 실행하게 될 것이다. 따라서 당신 스스로, '만약 그들이 할 수 있다면 나는 왜 그것을 할 수 없단 말인가?' 하고 자문해 보도록 하자.

다섯째, 당신의 머릿속에 떠오르는 모든 적극적인 생각을 '지금 즉시 그것을 실행으로 옮기자'라는 쪽으로 돌려 일을 추진하자. 그리고 그 생각을 계속 붙들고 유지함으로써 적극적인 사고가 시드는 일이 없도록 하자. 그렇지 않으면 그 생각은 물거품처럼 사그라지게 된다.

그러기 위해서는 항상 당신의 옆에 적극적인 생각을 기록할 메모지와 연필을 준비해 둘 필요가 있다. 그랬다가 좋은 생각이 떠오르면 즉시 그 내용을 메모하고 '지금 당장 그것을 시작하자'라고 메모지에 쓰도록 하자. 그리고 누군가가 그 일을 시작하기 전에 당신이 먼저 시작하는 것이다.

필자의 경우, 영업 전략에 관한 좋은 기획안이 머리에 떠오르면 그것을 항시 수첩에 메모하고 이를 다시 정리하여 컴퓨터에 입력해 둔다. 사람의 기억력은 한계가 있어서 시간이 지나면 잊어버리기가 쉽기 때문이다. 그런 다음, 수시로 컴퓨터에 입력된 기획안들을 살펴보며 하나씩 실행에 옮겨 간다.

여섯째, 적극적 기대감을 활용하자. 어떤 사람들을 보면 항상 얼굴에 정열적인 모습을 띠곤 하는데, 그 이유는 그들이 정열적인 일이 일어날 것이라고 기대하기 때문이다. 의욕적인 일을 계획하고 의욕적인 생각을 마음속에 품고 살자. 그러면 무엇인가 의욕적인 일이 당신 앞에 나타나게 되어 있다.

일곱째, 적극적인 힘을 최대한 활용하자. 당신이 기대했던 것은 이뤄지지 않고 오히려 어려움만 찾아온다는 생각이 들면 '이것은 내게 닥친 어려움이 아니라 나에게 오는 축복이다'라고 생각하도록 하자. 이런 자세를 취할 때 당신의 정신은 더욱 강해지게 된다.

예컨대, 다음의 편지를 보면 짧은 편지말 속에 희망을 불어넣어 주는 말이 네 번이나 들어 있다.

"나는 남편을 잃었다. '그러나' 내게는 아직 아들이 둘이나 있다."

"우리의 주가株價는 굉장히 떨어졌다. '그러나' 나는 아직 내 집을 가지고 있다."

"나의 청각은 점점 약화되고 있다. '그러나' 나는 여전히 책을 잘 볼 수 있다."

"나의 아들은 먼 곳으로 이사를 갔다. '그러나' 나는 일주일에 한 번씩이나 전화로 아들과 이야기를 나누고 있다."

여덟째, 적극적인 반응을 일으키도록 당신 자신을 훈련시키자.

어떤 사람이 미국의 유명한 목사이자 설교가인 로만 필 박사에게 물었다.

"당신은 얼마나 적극적인 생각을 깊이 적용시킵니까?"

그러자 박사는 이렇게 대답했다.

"나는 내가 다스리는 범위 이상의 어떤 상황에도 적극적인 생각을 적용시킵니다."

세상을 살다 보면 우리가 해결할 수 없는 어떤 어려운 사건을 접하게 될

수도 있다. 예컨대, 아주 가까운 사람이 교통사고로 인해 목숨을 잃었다고 가정해 보자.

그때 우리는 그 불행한 일 자체에 대해서는 통제를 가할 수 없어도 우리의 반응에 대해서는 통제를 가할 수가 있다. 그 불행으로 인해 우리는 마음속에 무엇인가 변화를 받게 되는데, 이때 좋은 반응이든 나쁜 반응이든 어느 하나를 선택해야만 한다. 이런 때일수록 머리를 써서 적극적인 반응을 보일 필요가 있다. 그 슬픔이나 비탄을 자신을 위한 발전적 자극으로 활용하자.

긍정적 사고를 가진 사람은 어떠한 어려움 앞에서도 자기의 목표를 포기하지 않는다. 다만 조절할 뿐이다. 그는 목표를 달성하기 위하여 재계획하고 재수정을 가하며, 후회는 할지언정 결코 단념하지는 않는다.

아홉째, 적극적인 사고를 더욱 승화시키자. 새로운 정열은 적극적인 감정에 의해 일어난다. 당신의 소극적인 감정이 당신을 지배하도록 방치하면 당신은 낙담과 실의와 분노와 좌절에 사로잡힌 비관론자가 되기 쉽다. 따라서 당신의 개성이 적극적인 감정에 의해 인도·변화되도록 해야 한다. 그러면 당신에게서 정열이 넘쳐흐르게 될 것이다.

내 인생을 망치는 부정적 사고를 경계하라

어느 날 동물들 사이에서 전쟁이 일어났다. 사자가 총지휘관이 되었고 여기저기에서 동물들이 몰려들었다. 동물들은 서로를 바라보며 한심하다는 듯이 혀를 차며 말했다.

"쯧쯧, 당나귀는 멍텅구리라서 전쟁에 방해만 될 테니 집으로 돌아가는 게 나으련만……."

"토끼 같은 겁쟁이가 어떻게 싸움을 한다고 여기에 나온 거야! 한심하군, 한심해!"

"개미처럼 작고 힘이 없는 동물을 어디에다 쓰겠어?"

"코끼리는 덩치가 커서 적군에게 금방 들통 나고 말 거야."

이렇게 수군거리는 소리를 듣고 총지휘관인 사자가 호통을 쳤다.

"시끄럽다, 이놈들아! 당나귀는 입이 길어서 나팔수로 쓸 것이다. 그리고 토끼는 걸음이 빠르니 전령으로 쓸 것이며, 개미는 작아서 눈에 안 띄니 불행하게도 대체로 부정적인 주위 환경 때문에 대부분의 사람들은 부정적인 씨앗을 마음속에 심는다. 그래서 부정적인 열매를 거둬들이게 된다. '부정적 사고'를 가진 사람은 그 힘의 유혹에 오랫동안 길들어져 있기 때문에 전에 실패했던 것과 똑같은 일들을 만나게 되면 무조건 불가능하다고부터 말하곤 한다. '그건 무엇 때문에 안 되고, 이건 무엇 때문에 안 되고' 등등 온갖 구실을 동원하여 불가능한 이유만을 열거한다. 그로 인해 당신이 그 계획을 추진하는 데 몇 달, 아니 몇 년씩 망설이며 허송세월하기도 한다.

우리가 마음속에 부정적인 생각을 집어넣고 있다는 것은 참으로 불행한 일이 아닐 수 없다. 우리의 마음속에 무엇을 집어넣든지 간에 그것은 마음 밖으로 나오게 되어 있기 때문이다. 다시 말해, 마음속에 부정적인 씨앗을 심으면 거의 모든 경우 부정적인 수확을 하게 된다. 간절한 소망이 있으면서도 어떤 어려운 문제가 발생할까 두려워서 일을 추진하지 않는 것은 아이를 낳고 싶은 맘이 간절하면서도 산고가 두려운 나머지 아이를 갖지 않으려는 것과 다름이 없다.

어떤 일을 착수하다 보면 생각지도 못한 어려운 문제가 따를 수도 있다. 그러나 어차피 해야 할 일이라면 일단 착수하고 나서 부닥치는 문제들을 하나하나 풀어나갈 일이다.

호사다마好事多魔라고 했듯이 우리에게 좋은 일이고 큰 기쁨이 될 일은 언제나 어려운 문제가 따르게 마련이다. 그런 문제들을 해결하고 나서 거두게 되는 그 결실의 기쁨이야말로 세상의 그 어느 것에 견줄 수 없을 만큼의 커다란 기쁨이 아닐까 싶다.

적극적 사고방식의 소유자는 어떤 새로운 생각이나 문제에 부딪히게 될 때 '문제는 곧 기회다'라는 생각으로 자극을 받는다. 그리고 그 문제 해결을 위해 새로운 지식을 활용한다. 그런 사람은 어떠한 역경에서도 해결 극복의 방법이 있음을 믿고 있기 때문에 잠재적 창조력은 자극을 받아 놀라운 결과를 보인다. 그는 '다른 사람이 그 일에 실패한 것은 판단부족'이었음을 증명해 보인다. 그 일을 했기 때문에 실패한 것이 아니라, 오늘날에 있어서 이용 가능한 지식과 기술, 그리고 도구가 부족했기 때문에 찾아온 결과임을 알고 있는 것이다.

당신의 주변을 살펴보면 적극적 사고를 가진 사람들을 발견하게 되거나 그런 사람들의 이야기를 들을 수 있을 것이다. 어떤 일을 시작하는 데 있어 도저히 자신감이 생기지 않아서 망설이게 되거나 할 때, 그런 사람들에게서 들었던 적극적인 이야기들을 떠올리면 많은 용기를 얻게 될 것이다.

어떤 사람이 미켈란젤로의 조각을 보고는 감탄하며 그에게 물었다.
"보잘 것 없는 돌로 어떻게 이런 훌륭한 작품을 만들어낼 수 있었습니까?"
미켈란젤로가 말했다.
"그 형상은 처음부터 화강암 속에 있었죠. 나는 단지 불필요한 부분들만 깎아냈을 뿐입니다."

그렇다. 마음속에서 불필요한 부정적 생각을 깎아내지 않으면 당신은 비너스 상을 볼 수 없다. 발전적인 사람은 이처럼 울퉁불퉁하여 보잘 것 없는 돌 속에서도 희망을 찾아낸다.

정열로써 승부하라

아무리 좋은 계획을 세웠어도 정열이 없이 시작하면 힘이 점점 약화되어 실패로 끝나 버리고 만다. 무뎌진 칼날은 제 기능을 발휘할 수 없고, 흐린 창문으론 햇빛이 제대로 투과하지 못하며, 늘어진 기타 줄은 제대로 소리를 내지 못한다.

정열이 없는 사람이 어떠한 계획을 세우고, 결단을 내리고, 문제를 대하는 것이야말로 바로 이와 같다. 정열이라고 하는 강력한 힘을 발휘하게 될 때, 칼날은 당신의 앞에 나타나는 여러 가지 장애물을 벨 수 있을 만큼 날카로워지고, 창문은 새로운 빛을 투과하게 되며, 기타 줄은 팽팽해져 아름다운 음을 낼 수 있게 되는 것이다.

강렬한 정열은 무한한 추진력을 소유하고 있다. 그러므로 무슨 일이든지 정열을 가지고 임하자. 그러면 주저와 실망과 패배에 사로잡히기 쉬운 그 어떠한 힘도 당신의 길을 막아서지 못할 것이다. 실패하지 않을까 하는 부정적인 염려가 당신의 정열을 구속한다면 당신은 결코 승리의 기쁨을 맛볼 수 없게 될 것이다. 강조하건대, 승리하려고 애쓰지 않는다면 당신은 분명 패배의 쓴맛을 볼 수 있음을 명심하기 바란다.

보수적인 성향을 지닌 사람들은 대개 이렇게 생각하곤 한다.

'만약 내가 마음속에서 일어나는 정열을 억제하지 않는다면 그것에 사로잡혀 여러 가지 힘든 변화를 겪게 될지도 모른다.'

인간은 일정한 형식에 사로잡혀 '변화'를 두려워하는 경향이 있다. 그래서 변화를 억제하고, 변화와 싸우고, 새로운 아이디어에 대항하여 우리 자신을 일정한 틀에 묶어 두려고 한다.

'그런 방법으로는 한 번도 이루어진 적이 없어.'

'그것은 우리 회사의 방침이 아니다.'

'그것은 우리의 전통이 아니다.'

이러한 소극적이고 개발되지 못한 일반적인 생각 때문에 우리의 잠재적 정열은 그대로 꺼져 버린 채 되살아나지 못하게 되는 것이다.

라 로슈푸코는 그의 저서 『도덕적 반성』이라는 책에서 '정열은 입을 열면 반드시 남을 굴복시키는 일류의 변설가다'라고 말했다. 정열은 상대의 불안과 불신을 모두 제거해 주는 강력한 힘을 지니고 있어서 정열에 불타 있는 사람을 대하게 되면 누구든지 저절로 그의 말에 수긍하게 된다.

미국의 자동차 왕 헨리 포드는 미국 전역을 자기 회사가 생산한 자동차로 가득 채우리라 결심하고 회사를 설립한 후 얼마 정도는 고전을 겪게 되었다. 그때 그는 자동차의 가격을 대폭 인하하면 성공할 수 있다고 자신했다. 주주들은 이를 강경하게 만류했다. 그러나 그는 성공할 수 있다는 자신감을 가지고 있었기에 주주들을 설득시켜 자신의 의지대로 밀고 나갔고, 그 결과 그는 미국에서뿐만 아니라 세계적으로 '자동차의 왕'이라는 칭호를 얻게 되었던 것이다.

책임감 있고 적극적 사고를 지닌 사람의 태도는 '우리는 지금까지 잘해 왔다. 그러나 앞으로 더 잘해 보자'라고 자기 자신을 격려한다. 그는 그런 적극적 태도에 정열을 이용한다. 그대로 두면 점점 쇠퇴하고 시들어 버릴 전통을 계속 새롭게 유지시키기 위함이다.

그 어떤 비난이나 비판, 그리고 불평으로 말미암아 당신의 정열이 약화되거나 소멸되지 않도록 노력하자.

내가 알고 있는 모 대기업의 간부로부터 이런 말을 들은 적이 있다.

"불평을 일삼는 부서는 우리의 능력을 제한시키는 부서다."

이제 당신은 적극적인 사고로써 당신의 정열을 더욱 개발시키는 방법을 개발함으로써 삶의 질을 변화시켜 보기 바란다.

자신감의 유무가 승패를 좌우한다

성공과 실패는 어떠한 일에 대한 자신감의 유무로 결정되는 경우가 많다. 장래에 대한 불안이나 일에 대한 두려움 등은 모두 자신감이 부족한 데서 오는 현상이다.

어떤 사람이 독수리 알을 발견하여 자기 집 뒤뜰 닭장 안에 갖다 놓았다. 그런 줄도 모르고 암탉은 그 독수리 알을 다른 달걀들과 함께 품었고, 어느덧 때가 되어 독수리 알에서는 다른 병아리와 함께 독수리 새끼가 부화되어 나왔다.

그 후 독수리 새끼는 닭이 하는 짓을 그대로 따라하며 스스로를 닭이라 고만 여겼다. 닭처럼 땅바닥을 긁어 벌레를 잡아먹는가 하면 '꼬끼오' 하고 울기도 하고, 날개를 푸드덕거려 공중으로 두어 자씩만 날곤 했다.

세월이 흘러 독수리는 많이 늙었다. 어느 날 독수리가 무심코 위를 올려 다보니 구름 한 점 없는 저 높은 하늘에 큼직한 새가 빙글빙글 떠돌고 있었다. 그것은 커다란 날개를 좀처럼 퍼덕이지도 않고 세찬 바람 속에서 우아하고도 위풍당당하게 하늘을 날고 있었다.

늙은 독수리는 하늘을 여유롭게 떠돌고 있는 독수리를 경외심이 가득한 눈빛으로 바라보며 옆에 있는 닭에게 물었다.

"저분이 누구시지?"

"저분은 새들의 왕이신 독수리님이야."

닭이 말했다.

"하지만 엉뚱한 생각일랑 집어치워. 너나 나나 그분과는 신분이 다르니까 말이야."

그래서 독수리는 아예 딴 생각을 하지 않았고, 끝까지 자기는 닭이라고만 여기다가 죽었다.

혹시 당신은 이 이야기 속의 독수리와 같은 인생을 살고 있지는 않은가?

자신감을 갖고 날개 치며 하늘로 솟아오르는 삶을 살아가자. 자기 자신을 신뢰하자. 의심은 눈앞의 방해물만을 보지만 믿음은 나아갈 길을 본다. 의심은 한 걸음도 두려워하지만 믿음은 하늘 높이 날아오른다. 의심은 '누가 하지?' 하고 묻지만, 믿음은 '내가!' 하고 대답한다.

자기가 자신을 믿지 않고 다른 사람이 자신에 대해 믿어 주기를 바란다는 것은 무리이다. 자기 자신을 불신하는 것이야말로 모든 실패의 원인이 된다. 반면, 자신에게 힘이 있다고 확신하면 자신도 모르게 강한 힘이 솟구치게 된다. 그러나 아무리 힘이 있는 자라도 자기 자신이 허약하다고 생각하면 한없이 나약해지는 법이다.

나는 중고등학생 시절, 집안 형편이 너무나도 어려운 탓에 자취생활을 하면서 신문 배달 일과 프레스 공장 일을 하며 학비를 벌어야만 했다. 그때

나는 정상의 몸이 아니었다. 어렸을 때 소아마비를 앓아 신체장애가 있었고, 심한 말더듬이 증세까지 겹쳤으니 사춘기에 접어든 나는 심한 열등의식을 느껴 좌절하기도 했었다.

그러나 스무 살의 성인이 되면서부터 나의 단점을 극복하기 위해 부단히 노력했다. 열등감을 떨쳐내고 승리의 고지를 향해 앞만 보고 달렸다.

나를 괴롭히는 병마는 20세부터 지금에 이르기까지 마치 종합병원처럼 내 앞에 줄을 서서 떠날 줄을 몰랐다. 그러나 나는 모든 상황을 그대로 받아들이며 낙천적으로 생각하려고 노력했다. 파란 수술복을 입고 수술실로 들어가면서도 '사람의 운명은 타고난다고 했는데, 내가 지금 죽을 운명이라면 어쩔 수 없지 뭐' 하고 생각하며 하나님께 기도하며 나를 맡겼다.

수술실에 들어서는 순간 '다시는 이 세상을 못 볼 수도 있겠구나'하는 생각이 들었지만 왠지 마음만은 편안했고, 그래서인지 다른 동료 환자들보다도 일찍 회복할 수 있었다.

마귀는 어려울 때 계속해서 곱으로 찾아오는 것 같다. 설상가상으로 1997년 IMF 때 부동산에 투자했다가 전 재산을 한꺼번에 날리고 죽기 직전에 내몰리기도 했다. 그러나 하늘이 무너져도 솟아날 구멍이 있다고 했던가? 3년이란 세월 동안 계속되는 숱한 역경들을 인고의 노력으로 극복하고 나니 또 다른 태양이 내 위에 떠오르기 시작했다. 고진감래라는 말이 있듯이 내가 계획하고 진행하는 일마다 모두 척척 들어맞기 시작하더니 어느새 나는 그 늪에서 벗어나 밝고 따스한 햇볕 아래 서 있었다.

우리 모두의 삶이 모두 이와 같지 않을까 싶다. 나처럼 온전치 못한 불구의 몸으로도 이처럼 수많은 실패와 좌절을 극복하고 꿈과 비전을 향해 나아가고 있는데, 당신은 그래도 모든 조건이 나보다는 낫지 않은가?

나를 만드신 이도, 당신을 만드신 이도 하나님이다. 나를 도와주신 이가

당신을 도와주시지 않겠는가? 당신이 혹시 겪고 있을지도 모르는 경제적 어려움이나 고난, 고통들을 벗어나기 위해 기도하고 열과 성을 다해 노력하면, 내게 그러하셨듯이 하나님께서 당신에게도 다시 시작할 수 있는 기회를 반드시 만들어 주시리라 믿는다.

어려움을 당했을 때 가장 중요한 것은 포기하지 않으면서 스스로 강해지는 습관을 만드는 것이다. 거미는 거미줄을 치기 위해 300번 이상을 떨어졌다 올라갔다를 반복한다고 한다. 그러다가 일단 한 줄만 기둥에 걸치면 그 나머지는 쉽게 완성할 수 있다고 한다.

이처럼 성공은 실패의 바로 눈앞에 있다. 넘어졌을 때 한 번만 더 딛고 일어나서 도전하면 될 것을, 그 한 번을 참지 못해 영원한 실패자가 되는 경우는 세상에 적지 않다.

대체로 사람들이 자신감을 잃는 것은 너무나 이상적인 완전함을 바라기 때문이다. 그러므로 자기에게 부족한 능력을 다른 사람에게서 발견한다. 다른 사람의 장점은 확대경으로 보고 자기 것은 망원경의 꽁무니로만 본다. 다른 사람 역시 자신과 마찬가지로 어딘가에 결점이 있다는 것을 생각지 않는다.

다음의 두 가지 원리를 명심하자.

첫째, 무슨 일에 자신이 없으면 타인에 비해 자기가 어떤 장점을 가지고 있는지를 생각해 보자.

둘째, 다른 사람보다 훨씬 뛰어난 자기의 장점에 눈을 돌려 이를 더욱 개발하자.

그러면 당신은 교만이 아닌 진실한 자신감을 얻을 수 있게 될 것이다. 자신감만 있으면 모든 일에 초인적인 힘을 발휘할 수 있다는 점을 명심하자.

콤플렉스는 나의 은인

나는 어릴 적부터 말더듬이 심해 선생님이나 어른들 앞에서는 제대로 내 뜻을 말할 수 없었다. 그로 인해 학창 시절 내내 열등의식에 사로잡혀 마음속으로만 생각하고 꿈도 없이 지내다 보니 학업성적은 항상 꼴찌를 맴돌았다. 그야말로 청소년 시절은 내 인생이 없는 암흑기였다.

고등학교를 졸업하고 나서 약 1년은 집에서 빈둥거리며 보냈다. 그때까지만 해도 나는 주위 사람들로부터 현실 부적응자, 반항아, 문제아, 부적합 판정을 받은 자로 낙인 찍혔으며, 특히 일정한 틀 안에 갇힌 규칙을 싫어했다.

그러던 중 갑자기 위기감이 먹구름처럼 밀려들면서 '이래선 안 되겠다'는 생각이 들어 전문대학교에 입학했다. 학교생활을 하면서 나의 생각이 욕구 중심에서 가치관 중심으로 서서히 전환되기 시작했다.

그때부터 나는 책을 접하게 되었는데, 그때 처음으로 읽은 자기계발서 한 권으로 인해 내 인생은 급속도로 변화되기 시작했다. 그 책에는 그동안

열등감에 젖어 허송세월한 나를 호되게 질책하는 듯한 내용이 많았는데, 그 가운데서도 다음의 문구는 내 인생을 크게 변화시키는 촉진제가 되었다.

"장애물이 닥치면 그 장애물이 비켜가기를 바라지 말고 그것을 뛰어넘는 방법을 배워야 한다."

그 책의 마지막 쪽까지 모두 읽고 책장을 덮는 순간, 나도 다른 사람들로부터 인정을 받으며 인간답게 한번 살고 싶다는 생각이 물밀듯이 밀려왔다. 어여쁜 이상형을 만나 결혼도 하고 40세 전에 성공하려면 부지런히 공부하여 자격증부터 따야겠다는 생각이 들었다.

그러한 생각은 강력한 의지로 바뀌었다. 어느 새 나는 생각한 것을 실천에 옮기는 행동파가 되어 가면서 인격도 서서히 변하기 시작했다. 끊임없는 노력으로 자존감을 찾고, 내 자신을 이 우주 삼라만상에서 최고로 여기며 사랑하게 되고, 나는 최고로 운 좋은 사람이라고 마음속으로 외치며 스스로 긍정적 동기부여를 했다.

드디어 지난날의 열등감이 내 안에서 사라지면서 미래에 대한 꿈과 희망이 내 안에서 춤을 추기 시작했다. 열등감이 자신감으로 변하는 순간이었다.

20대 청년 시절에는 대구에서 자격증 공부와 함께 말더듬이 치료를 위해 언어전문학원에 다니고, 결혼하고 나서도 서울에서 언어전문학원에 다니며 '내 사전에 포기란 절대 없다'란 명제 하에 책 읽기, 신문 읽기, 호흡 조절, 단전훈련, 웅변 연습, 발음 연습, 스피치 연습 등 말더듬 해결에 도움이 되는 것이라면 안 해본 노력이 없었다.

말은 거품이 된다
말은 이슬이 된다
말은 한 줄기 빗물
한 가닥 바람으로 불어버린다

나의 생각이 말이 된 적이 없다
아, 이것이 얼마나 비극인가
차라리 벙어리라면 생각조차 말 것을.
나의 말은 뜬구름처럼 흩어지고
물처럼 증발해 버리고
가을낙엽처럼 떨어지기도 한다

마음속에만 가득 살아 내리고 마는 것아.
말이 천근이라 목구멍 안에만 맴돌고
나의 온 정성을 전하기 위해 나는
앞으로 얼마나 많은 말을 연습해야 하는 것인가.

반드시 희망의 해 뜰 날이 올 것이다.
거품이 되지 않는 말
메아리가 되지 않는 말
바람이 되지 않는 말
영혼을 팔아서라도 온 마음을 전하고 싶은 말.

오죽 답답했으면 내가 눈물을 펑펑 쏟으면서 이런 시구를 읊어대곤 했을까?

그러나 이런 콤플렉스들은 나로 하여금 열정적인 도전의 계기를 만들어 주었다. 스스로 패배의식을 훌훌 벗어던지고 나의 부족함을 해결하기 위해 피눈물 나는 노력을 기울이게 했고, 항상 긍정적인 마인드로 내가 하는 모든 일에 남보다 몇 배의 노력을 쏟게 만들었다.

그 결과 나는 남들이 한 개도 따기 힘든 기술 자격증을 여덟 개나 취득하는 쾌거와 함께 나의 영혼을 그토록 괴롭히던 말더듬이 증세도 눈에 띄게 호전되었다.

일단 말문이 트이고 보니 자신감과 함께 세상이 달리 보이기 시작했다.

"이 얼마나 살맛나는 세상인가!"

아직도 가끔 화를 내며 말할 때는 조금씩 말더듬 증상이 나타나기도 하지만, 평상시에는 정상인에 가깝다고 주위 사람들은 평한다.

1992년에 나는 건강 문제로 인해 '고려전기안전'이란 회사로 창업을 시작했다. 내게 있어서 서울은 아무런 연고자도 없는 밀림지대였다. 그러다 보니 인연을 쌓기 위해 절대 긍정과 낙천주의 정신, 항상 잘 웃는 습관으로 마음의 문을 열고 사람들을 찾아다녔다.

거대 도시 빌딩 숲의 밀림지대에서 살아남기 위해 나는 앞만 바라보며 가자는 다짐 하나로 비즈니스 정글을 누볐다. 고객<del>수용가</del>을 방문하기 위해 발걸음을 내디딜 때마다 이게 마지막이라는 생각으로 온힘을 기울였다. 마치 마이산 돌탑을 쌓듯이 새로운 고객들을 찾아다니며 한 명씩 인연탑을 쌓다 보니 또 다른 인연이 쌓이고 쌓여 그 인연의 탑은 자꾸만 높아만 갔고, 그 결과 창업 3년 만에 안정의 길로 들어설 수 있었다. 만일 내가 거듭되는 실패로 인해 좌절하고 주저앉아 버렸다면 나는 지금 그렇고 그런

월급쟁이 신세 아니면 건강 악화로 인해 가난이란 굴레를 벗어나지 못했을 것이다.

실패는 누구나 할 수 있다. 다만 그 실패를 성공으로 이어지는 한 과정이라 생각하고 열정을 가지고 도전하는 사람이 있는가 하면, 실패를 포기로 생각하고 도전하지 않는 사람도 있다.

나는 어린 시절의 문제아 상태나 어려운 형편 속에 그대로 멈춰서거나 움츠려들지 않았다. 오히려 그러한 나의 콤플렉스나 실패가 나의 자산이라 생각하고 한 걸음씩 앞으로 나아갔다.

우리의 인생길에는 반드시 어두운 밤이 있다. 질병이라는 밤, 좌절이라는 밤, 이별이라는 밤, 가난이라는 밤 등등 인간의 수만큼이나 밤의 수는 많다. 그러나 별을 보려면 반드시 이 어둠이 필요하다. 밤이 오지 않으면 별이 뜨지 않는다. 별이 뜨지 않는 인생이란 죽은 인생이나 마찬가지다. 그 누구도 밤을 맞이하지 않고서는 별을 바라볼 수 없다. 그 누구도 밤을 지나지 않고서는 새벽에 다다를 수 없다.

별은 밝은 대낮에도 하늘에 떠 있다. 하지만 어둠이 없기 때문에 그 별이 보이지 않는다. 밤하늘이라는 어둠이 있어야만 별을 바라볼 수 있듯이 고통과 시련이라는 어둠이 있어야만 내 인생의 별을 바라볼 수 있다. 내 인생의 캄캄한 밤, 그것이 비록 견딜 수 없는 고통의 밤이라 할지라도 그 밤이 있어야 별이 뜬다. 그리고 그 별들은 따뜻하다.

신은 인간에게 큰일을 맡기시기 전에 항상 그에 따른 큰 시련을 맡기신다고 했다. 모든 실패와 패배 속에는 성공과 승리의 씨앗이 숨어 있다. 어떠한 고통스러운 환경에 처한다 할지라도 인내하며 최선의 삶을 살아야만 신이 우리를 돕는다.

　성공은 열정을 잃지 않고 실패를 거듭할 수 있는 능력에 달렸다. 수없이 많은 실패 끝에 전기를 만든 에디슨처럼 실패를 두려워하지 말고 도전과 개척정신으로 미래를 향해 힘차게 나아가자. 실패 사례는 우리에게 '재발견의 길'을 가르쳐 주기 때문이다. 나의 경우 IMF 시절에 전 재산을 날리고 파산지경이었지만 그것을 딛고 일어난 이후로 실패에 대한 두려움이 없어졌다.

　인간에게는 그 본성이 견뎌낼 수 없는 일은 결코 일어나지 않는다. 나의 장애가 나의 의지나 마음까지 방해할 수는 없다. 내 앞을 가로막는 그 장애물은 오히려 내게 촉진제 역할을 해주었다. 나는 말더듬이, 신체장애, 무능한 소년이었기 때문에 성인이 되어서도 소심하고 나의 삶에 대해 회의적이었다. 그러다 보니 피눈물 나는 노력으로 육체는 물론 정신까지도 단련시키지 않으면 안 되었다.

　자신을 괴롭혔던 어두운 과거의 사슬에 묶여 슬퍼하고 열등감에서 벗어나지 못한다면 이 얼마나 어리석은 짓인가. 그러한 불건전한 사슬에서 하루빨리 벗어나자. 그리고 '하면 된다'라는 자신감을 갖고 또다시 힘차게 시작해 보자. 행운의 여신은 스스로 선물을 받을 가치가 있는 사람에게만 선물한다.

　지금 나는 과거에 습득한 다양한 세상살이 경험과 교훈에서 얻은 대응전략의 결과로 자신감 있게 삶을 영위해 가고 있다. 콤플렉스를 극복하려는 자신감이 나의 경쟁력을 키웠다.

　나는 숨 쉴 수 있는 한 희망을 버리지 않았고, 흘러가 버린 과거에 매달리지 않고 미래를 향해 오늘도 열정으로 투쟁한다. 실패의 원인은 밖에 있는 것이 아니라 내 안에 있다. 따라서 나는 실패의 원인을 밖에서 찾지 않고 내 안에서 찾아 치료한다. 소원을 이루기 위해 자신에게 과감히 투자하라. 소원성취를 위해 당신은 지금 어떤 방법으로 얼마만큼 노력하고 있는가? 소원성취는 자신의 생각에 대한 노력의 결과임을 알아야 한다. 즉, 자기가 진정으로 바라는 소원을 분명하게 정하고 목표성취를 위해 끈기 있는 실천 으로 끊임없이 노력하는 것이야말로 성장의 힘이다.

사람들이 자신의 열악한 환경을 탓하며 불만을 토로할 때 나는 그들에 게 나의 지난날 이야기와 함께 칭기즈 칸의 이야기를 들려주곤 한다.

-집안이 나쁘다고 탓하지 말라.

나는 아홉 살 때 아버지를 잃고 마을에서 쫓겨났다.

-가난하다고 말하지 말라.

나는 들쥐를 잡아먹으면서 연명했고 목숨을 건 전쟁이 내 일이었고 직업

이었다.

-작은 나라에서 태어났다고 말하지 말라.

그림자 말고는 친구도 없었고 백성은 어린애와 노인을 합쳐 2~3백만의

인구로 5천만 명이나 되는 금나라를 정복했고 뒤 이어 2천만 명이나 되

는 호레즘과 탕구트서하까지 정복했다.

-배운 게 없다고, 힘이 없다고 탓하지 말라.

나는 내 이름도 쓸 줄 몰랐으나 남의 말에 귀 기울이면서 현명해지는 법

을 배웠다.

-너무 막막하다고, 그래서 포기해야겠다고 말하지 말라.
나는 목에 칼을 쓰고도 탈출했고 뺨에 화살을 맞고 죽었다 살아나기도
했다. 적은 밖에 있는 것이 아니라 내 안에 있었다. 나는 내게 거추장스
러운 것은 깡그리 쓸어버렸다.

-나를 극복하는 그 순간 나는 칭기스 칸이 되었다.

이 얼마나 멋지고 힘이 솟아나는 글귀들인가!
칭기스 칸은 아무것도 없이 태어나 역사상 가장 많은 영토를 가진 인물
이 되었던 것이다.

절실한 욕망을 가져라

욕망은 자신의 능력을 최대한 발휘하게 해준다. 또한 최고 속도를 내어서 앞으로 질주하게 해준다. 당신이 만일 어느 단체에서 최고의 자리를 고수해야겠다는 강한 욕망이 있다면 당신은 그만큼 열정적으로 노력할 것이다. 그러나 평범한 것으로 만족을 느낀다면 그만큼만 노력하게 될 것이다.

욕망이 없는 사람은 일을 끝까지 하고자 하는 노력을 기울이지 않는다. 일을 하다가 조금만 어렵다거나 까다로우면 곧 좌절하고 체념하여 목표한 바를 이루지 못하게 된다. 좀 더 참고 노력하려 하기보다는 차라리 중간에서 포기하는 편이 낫다고 생각하는 마음이 앞서기 때문이다. 이런 사람은 조금만 힘든 일이 닥쳐도 지레 겁부터 집어먹고 자기는 도저히 그 일을 할 수 없다고 생각한다. 실제로 도전하면 성공할 수 있는 일인데도 말이다. 이런 사람들에게는 어려운 일이 곧 불가능한 일이 되어 버린다.

욕망이 없는 사람들에게 있어서는 한 가지 일에 한 시간 정도 집중하여 노력하는 것도 고통이 아닐 수 없다. 그러므로 그들은 무슨 일이든 처음에 자기가 '마음속에 받아들인 대로' 불가능하다고만 생각할 뿐, 그 일을 성취하기 위해 여러 방면으로 생각해 보려 하지 않는다.

요즘 아이들을 보면 어엿한 자신의 공부방이 있으면서도 그곳에서 하면 졸리기만 할 뿐 공부가 잘 안 된다는 이유로 독서실을 요구하곤 한다. 그러나 공부에 대한 불타는 욕망만 있다면 그러한 것쯤은 문제가 되지 않을 것이다. 어떠한 어려운 상황도 불타는 욕망 앞에서는 무릎을 꿇을 수밖에 없다는 사실을 잊지 말기 바란다.

인생을 살아가면서 어떠한 어려운 일에 봉착하게 되더라도 쉽게 좌절하거나 포기하지 않는 이 땅의 강인한 젊은이가 되었으면 한다. 이런 일에 부닥치게 되면 더욱 분발하여 '누군가가 할 수 있는 일이라면 나 역시 그 일을 충분히 해낼 수 있고, 또 기어이 하고야 말겠다'는 굳센 의지로 우리 함께 이 세상의 험난함을 헤쳐 나가 보자.

우리는 우리가 생각하고 있는 자신에 대한 이미지와 다르게 행동할 수 없다. 따라서 자신에 대한 이미지를 마음속에 어떻게 그리고 있느냐에 따라 당신이 성공의 길로 들어설 수도, 혹은 실패의 길로 들어설 수도 있다. 당신이 마음속에 어떤 이미지를 심던 간에 '마음은 그 이미지를 실제상황으로 만든다'는 것을 잊지 말자.

PART 03

마음가짐이 바뀌면 세상이 달라진다

산뜻한 기분으로 새아침을 맞이하라

하루의 시작인 아침 기분은 아주 중요하다. 아침을 열정과 흥분으로 시작하면 그날 하루를 열정과 흥분으로 살아갈 수 있게 된다. 따라서 당신이 모든 일에 열정적으로 임하고 싶다면 우선 아침 잠자리에서 일어나는 방법부터 고쳐라. 다시 말해, 하루를 시작하는 당신의 자세를 바꾸라는 것이다.

대부분의 사람들은 아침에 자명종 시계가 울리면, '아이고, 또 지겨운 하루가 시작되는구나. 딱 5분만 더 자자'라고 생각하며 잠자리에서 몸을 뒤척이며 꾸물거린다. 그러나 내일 아침부터 자명종 시계가 울리거든 곧바로 자리를 박차고 일어나 몸을 곧게 세우고 앉아 손뼉을 치며 이렇게 큰 소리로 외쳐 보자.

"오, 오늘은 기쁜 날! 희망찬 하루가 나를 찾아왔도다! 이날은 신이 내게 주신 좋은 기회의 날이다."

나의 경우, 이렇게 외치고 나서 맨손체조를 하고 또 정신이 맑아지도록 샤워를 한다. 그런 다음, 큰 소리로 즐겁게 희망찬 노래를 부른다. 이때

음정이 틀려도 상관없다. 상쾌한 기분으로 노래를 부른다는 그 자체가 중요하다. 윌리엄 제임스는 이렇게 말했다.

"우리는 행복하기 때문에 노래를 부르는 것이 아니라, 노래를 부르기 때문에 행복한 것이다."

그리고 옆 사람에게도 기분 좋은 말을 해주자. 그러면 상대의 기분이 좋아질 것이고, 그런 모습을 보는 당신 또한 덩달아서 기분이 좋아질 것이다.

이렇게 열정적으로 아침을 맞이할 때, 그것은 당신이 하루를 위한 좋은 무대를 설치하는 것이 된다. 아침에 이렇게 즐거운 마음으로 손뼉을 치며 기쁜 마음으로 노래를 부르면 열정과 용기가 솟구친다.

그것을 시작한 첫날부터 효력은 나타난다. 우선 당신은 아침이 즐겁게 느껴질 것이고, 약 3주 후에는 극적인 변화를 겪게 될 것이다. 그때 당신은 자신이 예전보다 훨씬 열정적인 모습으로 변해 있음을 알고 놀라게 될 것이다. 그리고 그에 따르는 부수적인 이익으로, 목표를 이루고자 할 때 가장 큰 장해물의 하나인 '미루는 습관'에서부터 벗어날 수 있게 된다.

그 외에 아침에 일어나서 또 한 가지 해야 할 일이 있다. 명상하기에 좋은 공기 좋고 조용한 장소를 찾아가서 정신적인 음식을 먹는 일이다. 즉 당신의 정신과 영혼을 자극하는 시집이나 명상집 등을 골라 약 15분 정도 읽고, 그 후 15분 정도는 가벼운 운동을 하면서 그 말들을 마음속으로 되새겨 보는 일이다. 이렇게 날마다 취하는 정신적인 아침 음식은 당신이 하는 일에 열정을 더해 준다. 하루아침의 시작은 참으로 중요한 것이다. 당신이 아침에 어떤 방법으로 일어나느냐에 따라서 당신의 인생이 크게 달라질 수 있다는 사실을 염두에 두기 바란다.

좋은 책과 CD로 자신을 무장하라

많은 사람들이 자신의 겉모습을 치장하는 데에 많은 돈과 시간을 소비한다. 특히 여자들의 경우에 더욱 그러하다. 그렇다면 우리의 겉모습뿐만 아니라 내면을 치장하는 데에도 그 정도는 투자해야 하지 않을까?

우선 그 일환으로, 당신의 내부로부터 열정을 불러일으킬 수 있는 좋은 내용의 책을 읽거나 CD를 듣도록 권하고 싶다. 이것은 교육적인 면이나 동기부여적인 측면에서 대단한 가치가 있기 때문이다. 세계 대부호들 가운데서도 자수성가한 사람들은 거의가 이런 책들과 카세트 또는 CD들을 가지고 있다고 한다.

우선 집안일을 할 때에도 교육적인 내용과 마음속에 자극적인 내용의 CD를 들으면 한결 더 일이 손쉬워질 것이고, 단조롭고 힘들다는 느낌도 줄어들게 될 것이다. 또 옷을 입거나 화장을 하는 동안에도 이런 CD를 들으면 새로운 정보를 얻을 수도 있다.

오늘날과 같은 경쟁사회 속에 살면서 그저 없어져 버리고 마는 '죽어 버리게 될' 시간을 이렇게 활용하여 교육받고 동기부여를 받음으로써 '살아 있는' 시간으로 바꿀 수 있다면 그것보다 더 유익한 것이 어디 있겠는가?

그리고 독서 계획도 세워 보자. 몸을 움직일 때에는 CD를 듣고, 앉아 있을 때에는 책을 읽는 것이다. 지식이란 나이가 들었을 때 편히 쉴 수 있는 포근한 안식처요, 때로는 피난처가 될 수도 있기 때문이다.

책을 읽다 보면 자신에게 맞는 소중한 정보와 감동을 얻을 수 있다. 다독이냐 정독이냐는 별 의미가 없다. 그보다는 그 책을 어떻게 받아들여서 나 자신을 어떻게 개조시키느냐가 훨씬 중요하다.

이런 교육과정을 통해 당신은 앞으로 당신의 인생에 크게 도움이 될 자세와 일련의 가치관에 대해 배울 수 있다. 자신이 어려움에 빠져서 기분이 많이 침체되어 있을 때에는 그것을 딛고 일어설 수 있는 디딤돌로서 책이나 CD만한 것도 없다는 게 나의 생각이다.

그리고 한 줄의 '명언'도 인생을 살아가는 데 크나큰 힘이 된다. 어려운 처지에 빠져 있을 때 힘이 되는 경구를 외우면 보약을 먹는 것과도 같다. 또한 판단이 서지 않을 때 상황에 맞는 경구를 찾아보면 칠흑같이 깜깜한 바다에서 등대 불빛을 보는 것과도 같다.

참으로 깨달은 자의 말씀들은 우리의 삶을 이끄는 인도자요, 빛이 된다. 성경에도 사도바울이 말씀에 사로잡혀 다녔다는 기록이 나온다. 나는 가끔씩 맘이 나약할 때나 사업이 난관에 부딪쳤을 때, 또는 삶에 필요한 힘을 구하고자 할 때 책상 앞에 힘이 되는 금언이나 명언들을 붙여 놓고 삶의 활력소를 얻는다.

따라서 독서를 하거나 CD를 듣는 습관을 평상시에 들이도록 하자. 그러기 위해 처음에는 날마다 강제적으로라도 그것들을 읽거나 듣도록 하자. 그러면 얼마 후에는 자신도 모르게 그것을 즐기게 되며, 그 일에서 실로 많은 것을 배우게 될 것이다. 또 더욱 중요한 것은 어느 새 당신이 그동안 읽고 들은 내용들을 무의식적으로 행동에 옮기기 시작하게 된다는 것이다.

감정적으로 고조되어 있을 때에라도 마음속에 분발을 일으킬 수 있는 내용의 자기계발 서적을 읽거나 CD를 듣는다면 그 효과는 더욱 극대화되어 사태를 낙관하며 야망에 불타오를 수 있다. 어떤 일에 대한 문제의식보다는 해결의식이 더욱 강하게 된다. 긍정적인 사고를 갖게 되어 매사에 적극적으로 임하게 되고 더욱 자신감이 솟구쳐서 보다 쉽게 정상을 향해 매진할 수 있게 된다.

당신에게 있어 좋은 책과 CD는 학교 스승님이나 부모님 못지않게 훌륭한 멘토가 되어 줄 것이다.

마음속에 건전한 자기 이미지를 심어라

불공평한 경험의 비교로 열등감에 빠지지 말자

우리는 우리가 생각하고 있는 자신에 대한 이미지와 다르게 행동할 수 없다. 따라서 자신에 대한 이미지를 마음속에 어떻게 그리고 있느냐에 따라 당신이 성공의 길로 들어설 수도, 혹은 실패의 길로 들어설 수도 있다.

당신이 마음속에 어떤 이미지를 심던 간에 '마음은 그 이미지를 실제 상황으로 만든다'는 것을 잊지 말자. 즉 인간은 자기가 생각한 대로 된다는 것이다.

불건전한 자기 이미지를 갖게 되는 원인 가운데 하나는 '불공평한 경험의 비교'로 인해 열등감에 빠지는 경우이다. 다른 사람이 하는 일에 대해서는 과대평가하고 자신이 하고 있는 일에는 과소평가하는 것이 그것이다.

예컨대, 당신이 어렵다고 생각하는 영어를 미국인들이 유창하게 사용한다고 해서 그들이 당신보다 우월하다고 할 수 있겠는가? 결코 그렇지 않다. 당신은 지금 그들이 못하는 한국말을 유창하게 사용하고 있지 않는가?

그리고 반대로 당신이 지금 한국어로 된 이 책을 줄줄 읽을 줄 안다고 해서 당신이 미국인들보다 훨씬 더 낫다고도 말할 수 없다. 당신 역시 그들과는 다른 독특한 경험을 했을 뿐이기 때문이다.

유능한 의사가 환자의 병을 꼭 집어내며 완치했다고 하자. 그러면 아마 당신은 그가 정말로 당신보다 탁월하게 뛰어난 사람이라고 여기며 그의 능력을 부러워할지도 모르겠다. 그런데 당신이 만일 어떤 기계를 능숙하게 다룰 줄 아는 엔지니어라고 치자. 그 의사 역시 당신이 의술을 모르듯이 그 일에 대해서는 문외한일 것이다. 확신하건대, 당신이 만일 앞으로 15년 동안만 그 의사가 했던 것처럼 의술을 배우고 경험한다면 당신 역시 그 의사처럼 환자들을 치료할 수 있게 될 것이다.

이렇게 볼 때, 다른 사람이 하는 일과 자신이 하는 일을 비교하여 쓸데없이 열등감을 갖는다거나 자신의 능력을 과소평가하는 것은 자신의 앞날을 위해 결코 바람직한 것이 못된다. 당신이 할 수 없는 일을 다른 사람이 해냈다고 해서 열등감을 느끼기보다는 다른 사람이 할 수 없는 일을 당신이 할 수 있다는 데에 자신감을 갖도록 하자. 분명한 것은 당신이 그와 같은 시간과 노력을 기울이게 되면 당신 역시 그러한 기술을 발휘할 수 있다는 사실이다. 서로 다른 경험으로 인해 열등감을 느끼는 것은 옳지 않다.

파바로티는 세계 최고의 테너다. 조수미는 세계적인 소프라노다. 또 마이클 조던은 세계적인 농구 선수이고 타이거 우즈는 세계적인 골프 선수이며 김연아는 세계적인 피겨선수다. 그리고 박지성·베컴은 세계적인 축구선수다.

이런 사람들은 '다른 사람이 나보다 뭘 더 잘하나?'에 신경 쓰지 않는다. 화가가 되기 위해 노력하지도 않는다. 그래서 누군가가 자기보다 그림을 더 잘 그린다 하더라도 전혀 열등감 같은 것을 느끼지 않는다. 그들은 지금 잘하는 것을 더 잘하기 위해 계속 피땀 흘리며 노력할 뿐이다.

마음속에 남을 받아들이기 전에 내 자신부터 받아들이자. 동기유발이나 목표 설정, 긍정적인 사고방식 등은 당신이 자기 자신을 사랑하고 받아들인 그 이후에야 가능한 것이다.

그럼에도 어떤 사람들은 지나치게 다른 사람과 자신을 비교하며 살아간다. 이런 사람들은 남이 수영복을 입으면 자기도 수영복을 입어야 하고, 남이 유행하는 옷을 입으면 자기도 그 옷을 입어야 하며, 남이 고급 승용차를 사면 나도 고급 승용차를 사야 하는 등 무엇이든지 남이 하는 것은 다 하려고 한다.

그러나 창조주는 우리에게 각기 다른 재능을 주셨고, 또 각기 다르게 살도록 만드셨다. 그러므로 우리에게 주어진 현재 모습에 불만하기보다는 이를 더욱 가꾸어 보다 나은 삶을 살고자 노력하는 지혜가 필요하다.

자신의 현실을 부인하면 불쌍한 사람이 되고 만다.

있는 그대로의 자기 모습을 인정하자

또 다른 불건전한 자기 이미지의 원인은 자신의 최악의 모습과 다른 사람의 최선의 모습을 비교하는 데 있다. 그러나 기억해야 할 것은 창조주가 사람을 창조할 때는 공평을 기했다는 것이다. 따라서 다른 사람이 나보다 나은 점이 있다면 반드시 어느 한 분야에서는 내가 그 사람보다 나은 점이 있다는 사실을 마음속에 받아들여, 자신이 갖고 있는 재능이나 최선의 모습에 눈을 돌려 그것을 최대한 활용할 일이다.

건강한 자기 이미지란 '내가 최고'라는 식의 자기중심적인 가치관을 뜻하는 것이 결코 아니다. 단지 '있는 그대로의 자기를 용납하라'는 것이다.

대체로 인간은 '있는 그대로의 자기 모습을 충분히 인정받지 못하면' 조정과 타협을 시작한다. 그래서 '자신이 아닌 다른 사람처럼' 행동하게 되기도 한다.

어느 날 한 목사님이 자기 교회에 나오는 대학생들을 대상으로 상담을 했다.

먼저 지방대학에 다니는 학생에게 물었다.

"대학에 다니니까 행복하지?"

그러자 그 학생이 대답했다.

"대학에 다니면 뭐해요, 지방대학인데……."

그래서 목사님은 서울에 있는 대학을 다니는 한 대학생을 불러서 물었다.

"서울에 있는 대학에 다니니까 행복하지?"

그가 대답했다.

"서울에 있는 대학에 다니면 뭐해요, S대도 아닌데……."

목사님은 또 S대에 다니는 대학생을 붙들고 물었다.

"S대에 다니니까 행복하지?"

S대에 다니는 대학생이 대답했다.

"S대에 다니면 뭐해요, 학과가 좋지 않은데……."

얼마 후 그 목사님은 S대에서 좋은 학과를 다니는 청년을 만나 물었다.

"자네는 참으로 행복하지?"

그러자 그 학생은 이렇게 대답했다.

"좋은 과에 다니면 뭐해요, 수석도 못하는데……."

자신의 인생에서 자기 자신이 될 수 없다는 것은 정말 불행한 일이 아닐 수 없다. 따라서 있는 그대로의 당신 모습이 최상의 당신임을 잊지 말기 바란다.

그러기 위해서는 우선 자기 자신을 인정하자. 그러면 다른 사람도 당신을 인정하게 된다. 설령 다른 사람이 당신을 인정해 주지 않는다 해도 당신이 자신을 인정하게 되면 아무런 상처도 받지 않게 된다.

어떠한 사람도 비교의식 속에서는 참된 만족을 얻지 못한다. 왜냐하면 우리보다 더 나은 사람을 항상 만나게 되기 때문이다. 그래서 어떤 사람은 '비교의식이야말로 이 시대에 사탄이 우리의 영혼을 압사시키는 가장 강력한 무기'라고 이야기하기도 한다.

사람의 몸값은 얼마나 될까?

그럼 이제부터 당신이 현재의 자신을 사랑해야 하는 이유에 대해 생각해 보기로 하자.

옛날에 인디아나주에 살던 한 여자가 약을 잘못 먹고 시력을 잃게 되자 소송을 제기하여 약국으로부터 100만 달러를 받았고, 또 캘리포니아에서도 또 다른 여자가 비행기 사고로 인해 허리를 다쳐 다시는 걸을 수 없게 되자 100만 달러의 보상금을 받았던 일이 있다.

이 점에 대해 어떻게 생각하는가? 그 많은 돈을 받게 된 그 여자들이 부럽게 느껴지는가? 그렇다면 만일 이 두 여자가 당신에게 그녀들이 처해 있는 상황과 지금 당신의 상황을 바꾸자고 제의해 온다면 어떻게 하겠는가? 확신하건대, 돈이 아무리 좋다 할지라도 당신의 가장 큰 재산인 건강과 교환하면서까지 그 돈을 원하지는 않을 것이다.

그리고 2차 대전 당시 미의 여왕이었던 베티 그라블이란 여자는 자신의 다리를 100만 달러의 보험에 가입했다고 한다. 이 말을 듣는 순간 당신은 그 100만 달러의 눈과 100만 달러의 허리, 그리고 100만 달러의 다리를 한 번 보고 싶을 것이다.

그렇다면 거울 앞에 서서 그 속에 비친 당신의 눈과 허리와 두 다리를 들여다보자. 이 세 가지만 해도 벌써 당신은 이미 300만 달러의 가치가 있지 않은가? 아니, 300만 달러가 아니라 이 세상 모두를 다 준다 해도 당신은 세상에 하나밖에 없는 당신의 몸과 바꾸지 않을 것이다. 그렇다면 돈으로 환산할 수 있는 세상의 그 어느 것보다도 당신 자신이 더 소중하다고 느껴지지 않는가?

자신의 재능에 눈을 돌려라

가끔 신문이나 텔레비전 등을 통해 어떤 그림이 천문학적인 가격으로 팔렸다는 내용의 기사를 읽거나 보게 되는데, 그림 한 점 값이 왜 그렇게 비싼지 그 이유를 생각해 본 적이 있는가?

그렇다. 첫째는 세상에 단 하나밖에 없는 희귀성 때문이고, 둘째로는 그 화가가 100년에 한 명 나올까 말까 하는 천부적인 재능을 가진 사람이라는 점 때문이다.

그렇다면 당신 자신에 대해 한번 생각해 보자. 세상에는 수십억의 인구가 살고 있지만 당신과 똑같은 사람은 이 세상에 존재하지 않는다. 과거에도 그랬고 미래에도 그럴 것이다. 따라서 당신은 이 세상에서 희귀하고 독특하며 단 하나밖에 없는 유일한 존재가 아닐 수 없다. 이러한 점이야말로 당신에게 엄청난 가치를 부여한다.

그 훌륭한 화가를 창조했던 창조주가 바로 당신을 창조하셨다는 사실을 기억하자. 때문에 창조주의 눈에는 당신이 그 사람들과 똑같이 귀중하고 사랑스럽게 보일 것이다. 그러나 분명한 것은 이 세상에는 그 화가와 같은 재능을 갖고 있으면서도, 아니 그보다 더 훌륭한 재능을 갖고 있으면서도 캔버스에 붓 한번 대 보지 않은 사람이 수없이 많다는 사실이다.

어떤가? 그들의 숨어 있는 재능이 억울하다고 생각되지 않는가? 어쩌면 당신에게도 또 다른 분야에 천재적인 재능이 있으면서도 그걸 발견하지 못해 잠재우고 있는지도 모른다.

내 안에 잠재되어 있는 재능을 발견하여 충분히 사용하자. 그리고 기억하라, 천재를 창조한 창조주가 당신을 창조했으며, 그들과 마찬가지로 창조주가 당신에게도 세상 살아가는 데 필요한 재능을 부여하였다는 것을. 그리고 그 재능은 당신 안에 꼭꼭 묻어 두라고 부여한 것이 아니라 그것을 꺼내어 충분히 활용하라고 부여했다는 사실을.

불건전한 자기 이미지를 떨어내자

지금까지 말한 불건전한 자기 이미지의 원인을 당신이 모두 갖고 있다 하더라도 그렇게 걱정할 필요는 없다. 대부분의 사람들이 지금 그러한 병에 걸려 있기 때문이다.

자 그럼, 이제부터 그러한 불건전한 자기 이미지를 마음속에서 걷어내 보자. 그러기 위해서는 주기적으로 새롭고 건전한 자기 이미지를 마음속에 주입하도록 하자. 그러면 당신의 기억 창고에서 치환의 원리가 작용하여 불건전한 자기 이미지는 점차 사라지고 건전한 자기 이미지만 남게 된다. 이는 마치 물이 가득 찬 양동이에 모래알을 계속해서 집어넣으면 결국 물은 없어지고 모래알만 남게 되는 이치와도 같다.

자신의 의지를 강화시켜라

그림이나 혼잣말로 자신의 의지를 강화시켜라

'세상의 모든 업적은 누군가가 자신의 생각을 행동으로 옮긴 결과다.'

이것은 세상 사람 누구나가 다 알고 있는 사실이다. 그러나 문제는 그러한 사실을 알면서도 사람들이 자신의 생각을 행동으로 옮기지 않는다는 것에 있다. 그러면 어떻게 해야 행동을 유발시킬 수 있을까?

그것은 반복적으로 자신의 목표를 정신에 주입시키는 것, 즉 정신주입으로써 가능하다. 이러한 정신주입은 마음가짐의 변화를 가져오고, 마음가짐의 변화는 또다시 행동습관의 변화를 가져온다. 그리고 그 행동이 쌓이면 업적이 되는 것이다.

정신주입에 가장 좋은 방법은 혼잣말이다. 당신에게 포기할 수 없는 소중한 꿈이 있다면, 그것을 현실로 옮기기 위해 '와신상담臥薪嘗膽'의 이야기처럼 강력하게 혼잣말을 하며 자신의 마음을 무장시킬 것을 권한다. 목표를 나타내는 그림을 보면서 하는 혼잣말은 우리의 무의식 속에 욕망을 강화시켜 주는 강력한 효과를 발휘한다. 육체의 눈에 새겨지는 것은 마음의 눈에도 새겨지기 때문이다.

유태인의 속담에 '말이 입안에 있을 때는 당신이 말을 지배하지만 말이 입 밖에 나오면 말이 당신을 지배한다'고 하였다. 따라서 자신이 행동하고자 하는 것을 말로 표현해서 그 말로 하여금 자기 자신을 지배할 수 있도록 만들어야 한다.

마음속의 비전을 밖으로 끌어내라

비전이 머릿속에만 있다면 자칫 공상으로 끝나 버리기 쉽다. 그렇기 때문에 뚜렷한 비전이 마음속에 서 있다면, 그것을 반드시 글로 옮겨 구체적인 목표로 전환해야 할 필요가 있다. 그리고 아무리 글로 잘 작성되어 있는 목표라 해도 그 모습을 직접 눈으로 보지 않으면 뇌리에서 쉽게 사라질 수 있다는 것을 염두에 두어야 한다. 따라서 마음속에 품고 있는 생각, 즉 마음속의 그림을 밖으로 끌어내어 시각적으로도 볼 수 있어야 한다.

마음속에 있는 생각을 끌어내어 구체적인 문장과 차트로 작성하고 이를 시각 자료로 만들어서 눈에 잘 띄는 곳에 붙여 두는 것이 좋다. 그리고 그것을 자주 들여다보며 마음속 그림이 흐려져 가는 것을 막도록 하자.

우리는 성공이나 실패를 겪어가면서 우리의 마음속에 있는 그림도 달라질 것이라고 생각하기 쉽다. 그러나 그렇지가 않다. 그러한 경험이 우리의 마음속 그림을 달라지게 하는 것이 아니라 마음속 그림이 우리의 경험을 달라지게 한다. 일단 마음속에 그림이 그려지면 모든 환경과 경험은 그 방향으로 집중되고, 결국 우리의 모습도 그 마음속 그림을 닮아가게 되는 것이다.

운명이란 스스로 만드는 것이다

마음이 나약한 사람들은 삶이 어려울 때 지푸라기라도 잡는 심정으로 사이비종교나 점쟁이를 찾게 된다. 점집을 찾는 사람들은 모두 근심·걱정·우환 등이 있어서 찾게 되고, 잘되어서 찾는 사람은 한 사람도 없다.

나 역시 IMF^{1998년} 시절, 과욕으로 인해 부동산을 전부 잃고 그에 따라 육신의 건강까지 좋지 않아 한 여성 월간지에 실린 광고를 보고 점집을 찾아갔다가 점쟁이의 감언이설에 속아 800만 원이라는 거금을 날린 적이 있다. 지금 생각해 보면 너무나도 어리석은 짓이 아닐 수 없다.

일단 점쟁이 집의 문지방을 넘어서면 그냥 나올 수 없게 된다. 왜냐하면, 그들은 자신을 찾아온 사람의 과거사나 약점들을 대다수 알아맞히기 때문이다. 그러면 손님은 그 점쟁이가 자신의 모든 문제를 해결해 줄 수 있다고 믿게 된다. 그만큼 사람은 나약한 존재인 것이다.

점집에 가 보면 점을 보려는 사람들로 발 디딜 틈이 없다. 그러다 보니 예약은 기본이다.

점쟁이는 대체로 말이 많고, 과장되게 꾸미고, 찾아온 사람의 눈빛을 보고 끌어올리거나 당겨 내리고 퇴마의 수순으로 넘어간다. 사람의 마음을 기쁘게 하는가 하면 위험을 조장하기도 하면서 귀신을 빙자하여 사례금이란 명목으로 남의 재산을 빼앗고 자신을 살찌운다. 지푸라기라도 잡고 싶은 사람의 나약한 심정을 자극하여 자기 배를 채운다.

점쟁이는 지난 과거에 대해선 어느 정도 알아맞히지만 미래는 절대로 알아맞히지 못한다는 것을 알아야 한다. 내 인생의 미래는 점쟁이가 만들어 주는 것이 아니라 내 자신이 노력하고 개척해 나가는 것이란 점을 명심하자.

참고로 다음의 신문기사 내용을 보면 대부분의 '점'이란 것이 얼마나 황당하고 허황된 것인지를 알 수 있다.

『매일경제』(2010. 09. 20)

대구지방경찰청은 20일 점을 보러 온 손님들에게 환각 성분이 든 약품을 몰래 먹게 한 혐의(마약류 관리에 관한 법률 위반)로 무속인 A(32. 여)씨를 구속하고 종업원 B(28)씨를 불구속 입건했다.

경찰에 따르면, A씨 등은 지난 2일 오후 4시께 대구 남구 대명동에 있는 점집에 찾아온 손님 C(34)씨에게 향정신성의약품인 플루니트라제팜을 몰래 탄 커피를 마시게 한 뒤 자신들의 기氣치료 때문에 몸에 이상 반응이 나타나는 것이라고 속이는 등 손님 2명에게 이 약을 몰래 먹인 혐의다.

이들은 또 C씨가 다음날 다시 점집을 찾아오자 '몸에서 나쁜 기운을 몰아내기 위해 200만 원을 들여 굿을 해야 한다'고 속인 혐의도 받고 있다.

경찰 조사 결과 이들이 사용한 약품은 긴장 완화, 착란, 수면 유도와 같은 효과가 있는 것으로 A씨가 정신과 병원에서 직접 처방받은 것으로 드러났다.

다음은 꽤 유명하다는 한 점쟁이의 점괘를 어느 정신 나간 기자가 모 월간지에 올린 내용이다.

"김정일 사후 2012년 북한에서는 상하가 무너지는 격변의 쿠데타가 일어날 것이다. 북한의 많은 지도자가 없어질 것이다. 북한의 격변이 김정은의 승리로 끝나면 북한의 땅덩이 일부가 중국으로 넘어가는 비극이 이어질 수도 있다."
또 차기 대권주자로는 안철수 원장을 일순위로 꼽았는데, 그 이유는 "안철수 원장이 태양의 운을 가졌고, 박근혜는 땅의 기운을 가져 음험한 물의 기운이 많은 내년에 '둑' 역할을 하며 물은 막아내겠지만 대선은 어렵다"는 것이다.

그런데 누가 대통령이 되었는가?

또 어떤 사람들은 관상으로 미래를 점치기도 한다.

관상은 동서양을 막론하고 역사가 매우 깊다. 가장 일찍부터 관상이 발달한 곳은 중국인데, 전통적으로 얼굴과 외모를 중시하는 우리나라에서도 관상이 활발했다. 신라 선덕여왕 때 관상학이 전래된 이래 고려 말 혜징이 이성계를 보고 장차 군왕이 될 것이라고 예언한 일이나 고종의 어린 시절에 미래 임금이 될 것을 예언한 관상가 박유붕은 자신의 한쪽 눈이 없어야 귀인이 될 것으로 판단하고 스스로 눈을 찔렀다는 일화가 전해진다.

관상가들이 상을 볼 때는 얼굴의 골격과 주요 부위, 색깔뿐만 아니라 주름살, 점 등도 함께 따진다고 한다. 일반적으로 남자는 이마가 넓어야 성공할 가능성이 높고, 눈썹은 짙을수록 좋으며, 코는 재물 복을 의미하므로 콧구멍이 위로 들리지 않아야 하고, 귀는 귓불이 크고 두툼한 것이 좋다 한다. 여성은 눈꼬리가 처지거나, 미간 사이가 넓거나, 웃을 때 잇몸이 많은 것은 좋지 않다고 한다.

사실 사람의 외모는 그 사람의 과거와 현재의 이력이나 건강에 대해 많은 정보를 제공한다. 그래서 사람을 판단하는 하나의 근거가 될 수는 있다. 하지만 사람은 아주 복잡하고 변화무쌍한 존재다. 따라서 얼굴이나 두개골 모양만으로 그 사람을 판단하는 것은 실수할 가능성이 높다.

나의 경험으로 미루어 볼 때 사람의 운명이 미리 정해져 있지는 않은 것 같다. 크게 성공한 사람들의 인생은 운명으로 선택된 것이 아니라 고난과 역경을 헤치고 도전하고 개척한 것이다.

미래학자 피터 드러커는 "미래를 예측하는 가장 좋은 방법은 미래를 창조하는 것"이라고 갈파했다. 급변하는 현대 사회를 살아가는 우리가 주목해야 할 것은 운명보다 미래를 위한 진한 땀과 노력이 아닐까 싶다.

운명적運命的이란 말은 운명에 의하여 정해져 있는 모양을 말한다. 하지만 몸은 의사에게 맡기고, 목숨은 하늘에 맡기며, 마음은 스스로 책임져야 한다. 사람은 생각하는 대로 산다. 그렇지 않으면 사는 대로 생각하게 된다. 행복과 건강은 스스로 만들고 창조한다는 말이다.

흔히 '운명적'이라는 말은 앞으로 벌어질 일에 사람 개인의 힘으로는 불가능한 어떤 것이 있다는 말이다. 그래서 일이 잘못되든가 하면 "운명에 맡기자."라든가 "그게 네 운명이다."라는 말로 자조하는 경우가 많다. 그러나 우리는 우리의 발전을 가로막는 이런 의식들을 물리치고 '인간은 하늘이 내리는 불행은 피할 수 있지만 스스로 부른 불행은 피할 수 없다'는 사실을 가슴에 새겨야 할 것이다.

로마 역사가 네포스는 "운명이란 자신이 스스로 만드는 것이다."라고 했

는데, 이 말은 특히 스스로의 노력을 중시한 명구이다. 운명은 하늘이나 신의 권한이 아니고 운명의 칼자루를 스스로가 쥐고 있다는 말이다.

자기 자신을 훔친 도둑

미국의 아서 배리라는 사람은 1920년대 세계적으로 유명한 보석 도둑이자 예술품의 감정가이기도 했다. 재물과 돈과 보석을 갖고 있는 사회 고위층이 그의 주 대상이었다.

어느 날 그는 도둑질을 하다가 들켜서 총격을 당했다. 몸에 총탄이 박히고 눈에도 유리파편이 박혀 고문을 받는 듯한 고통을 당하면서 그는 다시는 이런 도둑질을 하지 않으리라 다짐했다.

기적적으로 그 위기의 순간에서 탈출하여 3년 동안을 숨어 지내던 그는 한 여자의 고발로 인해 경찰에 체포되어 18년의 징역형을 선고받았다. 출감한 후에도 그는 여전히 그 결심을 잊지 않고 조그마한 뉴잉글랜드 읍에 정착하여 성실하게 생활해 나갔다. 그래서 그 지방 사람들은 그를 존경하게 되었고, 마침내는 그가 지역대표로까지 뽑히게 되었다.

그의 유명세와 함께 그가 예전에 유명했던 보석도둑이라는 말이 세상에 퍼져나갔다. 기자들이 그와 인터뷰를 하기 위해 그 읍으로 모여들었다.

그들은 그에게 많은 질문을 했는데 그 가운데 한 젊은 기자가 물었다.

"배리 씨, 당신은 옛날에 수많은 부호들의 재물을 훔쳤다고 들었는데 누구의 것을 가장 많이 훔쳤습니까?"

배리는 조금도 주저함이 없이 대답했다.

"내 자신의 것이었죠. 나는 성공적인 사업가가 될 수도 있었고, 월 가의 실업가나 또는 사회의 공헌자가 될 수도 있었을 것입니다. 그런데 도둑이 되어 내 인생의 3분의 2를 감옥에서 소비했지요. 그러니 내 자신의 것을 가장 많이 훔친 것이 아니겠습니까?"

그렇다, 아서 배리는 자기 자신의 재산을 훔쳐낸 도둑이었다.

그런데 요즈음에도 자기 자신을 훔치는 도둑이 세상에 얼마나 많은가? 돈을 탐내다가 그동안 일궈놓은 자리를 잃고 평생 죄인으로 살아가는 사람들을 보노라면 그들이 얼마나 자신의 것을 철저히 도둑질했는지 알 수 있을 것이다.

세상 욕심에 눈이 어두워져서 자기 아버지가 힘들게 이룩해 놓은 대통령 자리까지 뒤흔드는 전직 대통령의 아들들, 이들이야말로 자신의 인생은 물론 자기 아버지의 명예까지도 송두리째 훔친 대도大盜가 아니고 무엇이겠는가?

내가 아는 사람 중에는 돈에 눈이 어두운 나머지 뇌물을 받았다가 그토록 어렵게 얻은 구청장 자리를 내놓아야 하는 사람도 있었고, 단돈 몇 푼을 탐내다가 고위직 공무원 자리를 내놓은 사람도 있었다. 이들이야말로 철저히 자신의 것을 훔친 도둑이라 할 수 있다.

물론 의식적으로 자기 자신의 것을 도둑질하는 사람은 없을 것이다. 분명 무의식적으로 그랬을 것이다. 그럼에도 불구하고 그 손실이 고의적인 강탈과 마찬가지로 자신은 물론 자신이 사랑하는 사람들에게 막대한 영향을 끼친다고 생각할 때 그 죄과는 엄청나게 심각한 것이다.

최고의 인생을 위해 오늘을 충실히 살아가는 당신이 되길 진심으로 빌어

마지않는다.

범사에 감사하자

나는 어떤 안경을 끼고 세상을 바라보는가? 파란 안경을 끼고 세상을 바라보면 세상이 온통 파랗게 보이듯이 감사의 마음을 가지고 세상을 바라보면 세상이 온통 감사한 것들로 가득 차 있다.

지속적으로 깊고 진실하게 감사하자.

감사의 태도는 창조적으로 생각하도록 인도하며 경쟁 마인드에 휩싸이는 것을 막아준다. 감사하는 마음이 없으면 우리는 자신을 둘러싼 환경과 상황에 늘 불만을 가질 수밖에 없다. 마음이 불만으로 가득 차는 순간 우리는 실패의 길로 들어선다.

나의 삶은 하루하루가 감동이며 감사다. 살아 있음 자체만으로도 얼마나 큰 감사와 은총인지 나는 병원의 중앙 수술실에서 몇 번씩 생사의 기로에 서고 나서야 깨달을 수 있었다. 가족과 함께 한 밥상에서 밥을 먹는다는 게 얼마나 큰 축복인가. 마냥 걸을 수 있고 사랑하는 사람을 어루만질 수 있다는 게 얼마나 큰 기쁨인가.

감동할 줄 모르는 사람은 감사할 줄 모르는 사람이다. 감동할 줄 모르는 사람은 지금 자기가 얼마나 큰 보배를 갖고 있는지 몰라 그것을 즐기지도 못한 채 천리만리 밖으로 떠도는 사람과도 같다.

무의미하고 반복되는 일상만큼 인간을 무디게 하고 내 감각기관과 정신과 감수성을 퇴화시키는 것은 없다. 쓰지 않는 감각기관은 퇴화하고 만다. 무엇이든 쓰면 쓸수록 진화하고 쓰지 않으면 퇴화하고 만다.

항상 노래 부르는 습관을 들이자.

항상 춤추는 습관을 들이자.

항상 귀를 크게 얼어놓고 칭찬을 해주자.

손으로 어루만져 주자.

아름다운 것을 찾아 즐기자.

감동할 줄 모르는 사람은 창조력을 잃어버린 사람이다. 더 이상의 영적 성장이 멈춰 버린 사람이다. 감동을 잃어버리고 생기와 신명이 없는 사람은 미래가 없다.

항상 젊게 살려면 감동과 감사함으로 살자. 고통과 역경으로 인해 참을 수 없을 때도 감사하는 마음을 가지면 그것들이 절반으로 줄어든다.

미국 뉴욕의 신체장애자 회관에 다음과 같은 시가 적혀 있다고 한다.

난 부탁했다
나는 신에게 나를 강하게 만들어 달라고 부탁했다, 내가 원하는 모든 걸
이룰 수 있도록.
하지만 신은 나를 약하게 만드셨다, 겸손해지는 법을 배우도록.

나는 신에게 건강을 부탁했다, 더 큰 일을 할 수 있도록.

하지만 신은 내게 허약함을 주셨다, 더 의미 있는 일을 하도록.

나는 부자가 되게 해 달라고 부탁했다, 행복할 수 있도록.

하지만 난 가난을 선물 받았다, 지혜로운 사람이 되도록.

나는 재능을 달라고 부탁했다, 그래서 사람들의 찬사를 받을 수 있도록.

하지만 난 열등감을 선물 받았다, 신의 필요성을 느끼도록.

나는 신에게 모든 것을 부탁했다, 삶을 누릴 수 있도록.

하지만 신은 내게 삶을 선물했다, 모든 것을 누릴 수 있도록.

나는 내가 부탁한 것을 하나도 받지 못했지만

내게 필요한 모든 걸 선물 받았다.

나는 작은 존재임에도 불구하고

신은 내 무언의 기도를 다 들어주셨다.

모든 사람들 중에서 나는 가장 축복받은 자이다.

1997년 **IMF** 환란 시절 행운의 여신이 나에게 등을 돌렸다. 환란의 여파로 몸도 망가지고 정신도 피폐해져 죽음까지 생각할 정도였다. 그때 스스로에게 다짐했다.

'행운에도 불운에도 결코 눈멀지 말자.'

두 눈을 부릅뜨고 위험을 이겨내는 힘을 기른 덕에 나는 지금도 누구보다 자신감 있게 살고 있다.

신은 인간에게 평등을 주셨다. 아무리 물질적 풍요를 누린다 할지라도 인간은 절대로 완벽할 수 없다. 유명한 연예인, 정치인, 대통령, 재벌들을 너무 부러워할 필요는 없다. 그들 역시 안을 들여다보면 가정에 심각한 우환이나 개인적으로 큰 문제가 있어서 실제로는 행복하지 않은 경우가 얼마나 많은가. 그들의 겉모습에 절대로 기죽지 말자. 인간은 평등하게 태어나므로 누구나 희망이 있다.

만족한 삶은 교만과 지나친 욕망, 탐욕을 버리고 겸허하고 항상 감사한 줄 아는 사람만이 누릴 수 있는 특권이다. 감사해야 할 것에 대해 감사할 줄 아는 사람이 되자.

사람은 자기가 가고 있는 목표지점을 알아야만 미래에 대한 희망이 있고
삶의 보람을 느낄 수 있다. 되는 대로 살면 인생이 되는 대로 흘러가게 된다.
분명한 목표와 선명하고 생생한 마음속의 그림과 비전이 있을 때 비로소
사람은 자기의 정력과 상상력, 결단력과 집중력 그리고 노하우에 불이 붙게
되어 어느 한 방향으로 힘차게 뻗어나갈 수 있게 된다.

인생의 목표를 세우면 힘이 솟는다

인생의 목표는 분명해야 한다

왜 목표를 설정해야 하는가?

사람은 자기가 가고 있는 목표지점을 알아야만 미래에 대한 희망이 있고 삶의 보람을 느낄 수 있다. 되는 대로 살면 인생이 되는 대로 흘러가게 된다. 목표가 없으면 아무런 희망이 없고 늘 그저 그런 삶이라서 그야말로 인생이 지루하고 재미없어 살맛이 나지 않지만, 일단 뚜렷한 목표가 생기면 삶의 질은 완전히 달라지게 된다.

재미있는 현상이 양로원이나 복지시설에서 발생하고 있다고 한다. 결혼식이나 생일 같은 특별한 날이나 크리스마스와 같은 공휴일 전날에는 사망률이 극적으로 줄어드는데, 그 이유는 많은 사람이 그날을 한 번 더 지내고 나서 죽겠다는 목표를 심리적으로 세우기 때문이라고 한다. 그런데 그날이 지나고 나면 사망률이 급격히 올라가는데, 그 이유는 무엇일까? 그렇다. 일단 그 목표가 달성되고 나면 살고 싶은 의지가 약해지기 때문인 것이다.

분명한 목표와 선명하고 생생한 마음속의 그림과 비전이 있을 때 비로소 사람은 자기의 정력과 상상력, 결단력과 집중력 그리고 노하우에 불이 붙게 되어 어느 한 방향으로 힘차게 뻗어나갈 수 있게 된다. 개인이건 기업이건 국가이건 간에 목표와 전략이 있을 때에만 비로소 크고 작은 노력들이 빛을 발하게 되는 것이다.

방향도 없이 무턱대고 일만 열심히 한다고 해서 무언가가 이루어지는 것이 결코 아니라는 사실을 명심하자. 어쩌면 목표를 설정하는 일이 그것을 달성하는 것보다 더 어려울지도 모른다. 시작이 반이라는 말이 있듯이 일단 목표를 잘 설정하고 나면 이미 그 목표의 반은 달성된 것이나 다름이 없기 때문이다.

목표를 설정하는 데 있어 염두에 두어야 할 것들이 있다.

첫째, 이룰 수 없는 것이라면 공상에 불과하므로 목표로 세우지 말아야 할 것이다. 이는 소화시킬 수 없는 음식이라면 아예 먹지 말아야 하는 것과도 같다.

둘째, 평범한 사람이 무리하게 처음부터 챔피언에게 도전하는 식이 되어서는 안 된다. 챔피언이 아닌, 바로 주위에 있는 당신보다 조금 앞선 사람한테 도전하여 승리할 수 있도록 노력하자. 그 한 번의 승리는 또 다른 도전에 자신감을 심어줄 것이다. 만일 당신이 속한 단체에서 당신보다 조금 앞선 사람에게 도전하여 승리를 거둘 수 있다면 그곳에서 제일인자가 되는 일은 시간문제일 것이다.

목표를 설정해 놓지 않으면 실패라는 것도 없게 되므로 당신은 훨씬 안전할지도 모른다. 그러나 명심할 것은, 사람은 신의 섭리로 특별한 목적을 달성하기 위해 창조되었다는 사실이다. 일단 목표를 세우면 내면에 있는 자신의 능력을 충분히 발휘하게 되어 있어서 그렇지 않았을 때보다 훨씬 많은 일을 하게 되고 그에 따른 대가도 뒤따르게 된다.

예컨대, 어느 날 당신의 친구로부터 "무료 여행권이 있으니 열흘 뒤에 제주도로 여행을 떠나자."는 전화가 왔다고 치자. 그런데 당신 앞에 할일이 수북이 쌓여 있다. 평상시대로 하자면 그 기간이 족히 12일은 걸릴 것 같다.

이런 때 당신은 어떻게 하겠는가? 아마 당신은 그 신나는 여행에 동참하기 위해 평상시보다 더욱 열심히 일하여 그 일을 열흘 안에 끝마치도록 안간힘을 쓸 것이다.

당신이 그러는 이유는 간단하다. 당신은 '제주도 여행'이라는 목표를 가진 것이다. 그래서 결국 당신은 기어코 그 목표를 성취하고야 말 것이다. 목표는 이렇게 일의 능률을 올리고 성취도를 높이는 것이다.

맥스웰 말츠란 사람은 "인간은 기능상으로 자전거와도 같다."고 말했다. 즉 목표를 향해 올라가거나 앞으로 나아가지 않는다면 인간은 뒤로 밀려나거나 넘어지게 마련이라는 뜻이다. 그렇다. 목표를 세운다는 건 실천력 있는 자의 끊임없는 활동 그 자체인 것이다.

당신에게 뚜렷한 인생의 목표가 없다면 당신은 다만 존재하는 데 지나지 않는다. 누구든 꿈을 잃을 때 죽는 것이다. 당신은 언젠가 당신의 육신이 죽게 된다는 사실을 두려워할 것이 아니라 당신이 죽기 전에 당신의 꿈을 상실하게 된다는 걸 두려워해야 한다.

인생의 목표를 크게 세우면 행동이 달라진다

목표는 되도록 크게 설정하도록 하자. 그래야만 성취에 필요한 당신의 열정을 불러일으킬 수 있다. 당신의 꿈이 누구나 이룰 수 있는 평범한 것이라면 열정을 불러일으킬 수 없다. 누구나 하찮은 일에는 흥분하지 않는 법이기 때문이다.

스포츠 경기를 한번 생각해 보자. 강한 경쟁자를 만나면 보통의 경쟁자와 상대할 때보다 선수들이 더욱 노력을 기울이게 된다. 약한 선수와 만나면 게임을 무성의하게 하는 경향이 있으며, 이것이 패배라는 생각지도 않은 이변을 낳는 원인이 되기도 한다.

이와 마찬가지로 목표를 크게 세우면 마음속에 열정을 불러일으키게 되어 경쟁의식이 강화되고, 그럼으로써 최선을 다하여 목표를 성취할 수 있게 된다. 그러므로 인생을 보다 크게 볼 필요가 있으며, 그에 따라 목표를 보다 크게 가질 필요가 있다.

한 나그네가 저수지를 지나다가 이상한 광경을 목격했다. 어떤 낚시꾼이 저수지에서 낚시질을 하는데 커다란 물고기 한 마리를 자로 재고 나서는 도로 물속에 놓아주는 것이었다. 그 다음에 잡은 물고기도 역시 마찬가 지였다. 그러더니 아까보다 작은 물고기를 잡아서는 어망 속에 넣는 것이 아닌가.

그래서 나그네가 그에게 물었다.

"아니, 어째서 그렇게 큰 물고기는 놓아주고 작은 물고기들만 잡아서 어망 속에 넣는 것입니까?"

낚시꾼이 대답했다.

"아, 예. 저희 집 프라이팬은 20센티밖에 되지 않거든요."

이처럼 당신의 사고와 경험이 한정되어 있고 당신의 사고가 큰 기회를 붙잡을 정도로 개발되어 있지 못하다면 당신은 당신의 것이 될 크고 훌륭한 꿈과 기회를 당신 스스로가 놔 버리는 것이 된다. 바로 지금부터 마음속으로 자신의 꿈을 키우자. 그리고 무한대로 크게 상상하자.

"벌판으로 간 콩은 나무가 되었고, 집으로 간 콩은 콩나물이 되었다."란 말이 있다. 꿈을 아름답고 크게 가지는 사람에게 아름답고 위대한 일이 이루어지는 법이다. 꿈이 가난한 사람은 절대 크고 훌륭한 일을 해낼 수가 없다.

당신은 당신이 바라는 바로 그런 사람이 될 수 있다. 이것은 꿈이 아니라 정말로 가능한 일이다. 당신의 마음속에 있는 두려움이란 부정의 덫으로부터 완전히 해방되는 순간 당신은 지금 이 말이 사실이라는 걸 깨닫게 될 것이다.

어느 현자가 말했다.

"작은 계획은 세우지 말라. 그것은 사람의 마음을 자극하는 힘이 없기 때문이다.”

목표를 원대하게 세우자. 당신의 인생을 위대하게 만들기 전에 우선 당신의 인생을 위대하게 볼 수 있어야 하기 때문이다.

제2차 세계대전 때 코카콜라 사장 우드 러프는 비전 선포식을 하면서 이렇게 말했다고 한다.

"앞으로 내 꿈은 전 세계 모든 사람들에게 코카콜라 한 잔이라도 맛을 보게 하는 것입니다."

참으로 야무지고 원대한 꿈이다. 그때 그 말을 들었던 사람 중에는 무심하게 흘려들은 사람들도 있었을 것이고, 또 황당한 말이라고 생각하는 사람들도 있었을 것이다.

그런데 그의 꿈이 어떻게 되었는가? 아마 이 책을 읽고 있는 당신도 코카콜라 한 잔쯤은 마셔 보았을 것이다. 그대로 그의 꿈이 이루어진 것이다.

사람은 꿈을 안고 살아가는 존재이다. 언젠가 앞으로 이루어질 자신의 모습, 그것을 지금 내가 확신하고 나아가는 것, 이것이 바로 꿈이다. 그렇다면 당신의 꿈은 무엇인가?

목표지점을 똑바로 보고 걸어라

토끼와 거북의 달리기 경주에서 거북이가 이겼다. 토끼는 재빨리 달렸고 거북이는 엉금엉금 기었는데 이긴 쪽은 거북이였다. 왜 그럴까? 토끼는 상대를 보고 달렸지만 거북이는 목표지점을 보고 달렸기 때문이다.

또 사도 베드로는 물 위를 걸었다. 성경에는 '그가 파도를 두려워하는 순간부터 물에 빠지게 되었다'고 기록되어 있다. 그는 왜 파도에 눈을 돌렸을까? 그리고 그는 왜 물에 빠졌을까? 그것은 그의 목표인 예수 그리스도를 똑바로 바라보지 않았기 때문이다.

이 이야기들은 우리에게 커다란 교훈을 준다. 당신 역시 당신의 목표에서 눈을 돌려 다른 곳을 바라보게 되면 결코 당신이 바라는 목적지에 다다를 수 없게 된다는 사실을 명심하기 바란다.

한 젊은이가 처음으로 배를 타고 항해를 떠나다가 북대서양에서 그만 사나운 폭풍을 만나게 되었다.

그는 돛대 끝에 올라가 항로를 조정하라는 명령을 받았다. 젊은이는 명령대로 그곳으로 기어올라가다가 자기도 모르게 순간적으로 아래를 내려다보았다. 파도가 배를 삼킬 듯이 무섭게 몰아치고 있었다. 그는 그 모습을 보고 겁을 집어먹었다.

순간, 그는 균형을 잃기 시작했다. 그때 고참 선원이 그를 올려다보며 소리쳤다.

"이봐, 위를 봐! 위를 보라고!"

그의 말대로 젊은 선원은 다시 위를 올려다보았다. 그러자 그는 다시 균형을 되찾을 수 있게 되었다.

이와 마찬가지로 모든 일이 잘 안 되는 것처럼 여겨지거든 당신이 잘못된 방향을 보고 있는 건 아닌지 생각해 볼 필요가 있다. 태양을 등지고 있을 때는 그림자를 볼 수 있지만 태양을 똑바로 보고 있을 때는 자신의 그림자가 보이지 않는 법이다.

목표를 세우면 행운이 따른다

실업가나 학자나 기술자를 막론하고 성공한 사람의 생애에는 반드시 행운이 따랐다. 어떠한 역사나 전기를 보아도 그들이 있기까지는 행운이라는 것이 커다란 역할을 하고 있다. 이를 분석해 보면 '하늘은 스스로 돕는 자를 돕는다Heaven helps those who help themselves'는 말처럼, 인생의 목적을 분명히 가지고 그 목적을 달성하기 위해 대가를 치르려고 노력하는 사람들에게 찾아오는 것임을 알 수 있다.

행운은 행운을 낳는다는 말이 있는데 그 이유는 간단하다. 한번 행운을 붙잡아 본 경력이 있는 사람은 '행운이라는 것은 확실한 목적을 가지고 있는 사람에게 돌아온다'는 것을 알고 있기 때문에 또 다른 행운을 잡기 위해 열심히 노력한다는 것이다. 따라서 자기의 목표를 달성하기 위해 열심히 일하는 활동가는 언제나 행운아인 셈이다.

행운의 씨앗은 인생 전반에 걸쳐 뿌려져 있지만 그것이 구체적으로 어디에 있는지, 그리고 어떠한 행운인지를 모르고 있을 뿐이다. 이는 인생 항해도를 못 가졌기 때문이라고 말할 수 있다.

아직도 자신의 나아갈 길과 확고한 목표를 모르고 있다면 그 행운의 기회를 잡을 수가 없다. 행운이란 언뜻 보아서는 눈에 잘 띄지도 않을뿐더러 보통사람이 보면 사소하고 하찮아 보이기 때문이다.

행운은 어디에나 있다. 그러나 그것은 시간과 장소와 사람이 일치되지 않으면 안 된다. 확고한 목적만 가지고 있다면 그렇지 못한 사람들이 놓쳐 버리고 마는 소중한 것들을 재빨리 낚아챌 수가 있다.

아무런 목적도 없이 허송세월하는 사람들이 모르고 지나쳐 버리는 행운들이 지금 이 시간에도 당신 앞에서 무수히 기다리고 있다는 사실을 잊지 말자. 당신이 분명한 목적을 갖고 있을 때 당신은 비로소 여러 가지 적극적인 시도를 꾀하게 되고 진취적인 모험도 해내면서 행운을 잡을 수 있게 되는 것이다.

지금 이 순간부터 자신의 삶을 원대한 꿈과 희망으로 넘쳐나게 하자. 그리고 그 꿈을 향해 힘차게 밀고 나가자. 그 꿈이 현실로 나타나게 될 때까지.

인생 계획서를 작성하라

자신의 인생 계획서를 종이 위에 똑똑히 써낼 수 없다면 인생에 대한 계획이 없는 것과 마찬가지다. 구체적인 인생 계획서를 작성하여 그 계획서대로 실천에 옮기다 보면 자신의 약점이 무엇인지를 확실히 깨달을 수 있게 된다.

자기의 약점이 무엇인지 모르는 상태에서는 그것을 고칠 수가 없다. 자신이 작성한 계획서를 보고 하루하루를 반성하며 살아갈 때 당신은 앞으로 나아갈 길을 올바로 규정지을 수가 있게 된다.

당신이 가장 절실히 바라는 것은 무엇인가? 그것을 종이에 써 보자. 그리고 당신이 가장 잘할 수 있는 일은 어떤 것인가? 또 반대로 가장 못 하는 일은 어떤 것인가? 또 바라던 것이 이루어지고 나면 어떤 일을 하겠는가? 그러한 것도 종이에 써 보자. 만일 그것들을 실행하는 데 어려움을 느낀다면 선배들에게 물어보자. 그리고 그것도 종이에 써 두자.

나의 경우, 청년 시절부터 썼던 일기장을 펼쳐 보면, '한 사람이라도 월급을 주는 사장이 되자'라는 말이 수도 없이 나온다. 즉 나는 그동안 메모를 통해 마인드컨트롤을 했던 것이다.

종이에 적힌 사실을 참고로 하여 자기의 현재 위치를 똑똑히 알고 목표까지의 거리를 측정해 보는 것이다. 그리고 그 거리를 줄이려면 어떻게 해야 할지를 연구하자.

'나의 부족한 지식을 메우기 위해서는 어떠한 책들을 읽고 어떠한 사람들과 접촉하면 좋을까? 그러려면 시간이 얼마나 걸릴까?'

이렇게 일을 획득할 때까지의 준비 기간을 측정하도록 하자. 그리고 1년 동안, 노트에 쓰인 계획표들을 이따금씩 눈여겨보면서 자기의 행동을 고치고, 또 연말에는 이것을 총결산하여 진전된 상태를 확인해 보도록 하자. 항상 노트와 연필을 곁에 두고 하루하루의 깨달은 바를 기록하도록 하자. 자신이 직접 기록해 둔 노트처럼 당신의 발자취를 명료하게 가르쳐 주는 것은 없기 때문이다.

대부분의 사람들은 자기가 아직도 경험이 부족하여 배우는 도중에 있다는 사실을 감추려고 한다. 그러나 향상을 원하는 사람은 타인에게 묻는 것을 망설이지 않는다.

한 번 들은 것을 그냥 흘려버리지 말고 반드시 노트에 적어서 마음속 깊이 새겨 두도록 하자. 이것은 당신이 이미 세운 목표에 이어 또 다른 하나의 목표를 당신에게 제시해 줄 것이다. 그렇게 되면 당신의 목표는 더 한층 질 좋은 것으로 향상될 수 있다.

일단 목표를 정했으면 그것을 확보하도록 하자. 가령, 당신의 장래 희망이 법률가라면 당신은 법률 공부를 하지 않으면 안 된다. 그것을 타인에게 감출 필요도 없고, 그렇다고 그 목표를 자랑삼아 시끄럽게 떠들어 댈 필요도 없다. 목표 자체에 만족감을 갖게 되면 그 자체로서 끝나 버리기가 쉬워서 그 목표를 성취하는 데 소홀할 수 있기 때문이다. 따라서 자기의 목표는 자기의 가슴속에 소중히 간직해 둘 필요가 있다. 목표는 남에게 자랑하기 위해 세우는 것이 아니라 이루기 위해 세우는 것이기 때문이다.

세상을 변화시키는 1초

　매일 아침 당신에게 86,400원을 입금해 주는 은행이 있다고 하자. 단, 이 돈은 당일이 아니면 찾을 수 없으며 내일이 되는 순간 모두 사라져 버린다고 할 때, 당신이라면 이 돈을 어떻게 하겠는가? 당연히 내일이 되기 전에 모두 인출해서 사용할 것이다.

　날마다 우리에게 주어지는 시간은 이 86,400원과 같다. 매일 우리에게는 86,400초^{24시간×60분×60초}씩 주어지고, 사용하지 못하고 버려진 시간은 그냥 흔적도 없이 사라질 뿐이다. 우리는 이미 시간이 얼마나 소중한지 잘 알고 있지만 아쉬움을 느끼기 전에는 이 시간이 소중하단 사실을 망각한 채 살아가고 있다.

　그런데 '1만 시간의 법칙'이란 것이 있다. 자기 분야에서 최소한 1만 시간 동안의 노력을 기울이면 누구나 성공할 수 있다는 것이다. 평생에 걸쳐 1만 시간은 별것 아닌 것 같이 생각되지만 하루도 빼놓지 않고 매일 3시간씩 할애한다면 10년의 기간을 의미한다. 그렇게 1만 시간의 노력을 다했을 때 비로소 우리 뇌는 최적의 상태가 된다고 한다. 세계적으로 성공을 거둔 사람들도 하나같이 이 과정을 통해서 그 위치에 도달한 것이지 특별하게 똑똑하고 영리해서가 아니라는 점을 기억하자.

영국의 전설적인 그룹 비틀즈는 함부르크에서 활동할 때 1년 6개월 동안 일주일 내내 하루 여덟 시간 이상씩 연습을 했고, 최고의 걸작 빅 히트 앨범을 선보이기까지 무려 10년이 걸렸다. 그는 '천재적 재능은 지능이 아니라 지속적인 노력의 산물'이라고 역설하고 있다.

갓 부화해 솜털조차 나지 않은 새가 날갯짓을 반복하다 보면 날개에 깃털이 자라고 힘이 붙어서 날게 된다. 끈기와 의지에 이길 장사는 없다. 2010년 동계올림픽에서 김연아 선수가 단지 재능 하나만으로 금메달을 딸 수 있었겠는가? 1만 번 이상 차디차고 딱딱한 빙판 위에 엎어지고 또다시 일어나기를 새가 자주 날갯짓하듯이 반복해서 이룬 결과임은 의심할 여지가 없다.

한평생 시계만을 만들어 온 사람이 있었다. 그리고 그는 늙어 있었다.

그는 자신의 일생에 마지막 작업으로 온 정성을 기울여 시계 하나를 만들었다. 자신의 경험을 쏟아 부은 눈부신 작업이었다. 그리고 그 완성된 시계를 아들에게 주었다.

아들이 시계를 받아 보니 이상스러운 것이 있었다. 초침은 금으로, 분침은 은으로, 시침은 구리로 되어 있었다.

"아버지, 초침보다 시침이 금으로 되어야 하지 않을까요?"

아들의 질문은 당연한 것이었다.

그러나 아버지의 대답은 아들을 감동케 하였다.

"초침이 없는 시간이 어디에 있겠느냐? 작은 것이 바로 되어 있어야 큰 것이 바로 가지 않겠느냐? 초침의 길이야 말로 황금의 길이란다.”

그러고 나서 아버지는 아들의 손목에 시계를 걸어주면서 말했다.

“1초, 바로 이 1초가 세상을 변화시킨단다.”

세상에는 사람을 죽인다는 뜻인 ‘살인殺人’이란 말이 있다. 그렇다면 시간을 죽인다는 것은 ‘살시殺時’가 되어야 하지 않을까? 사람을 죽이는 것은 ‘세상의 법’으로 다룰 일이지만, 시간을 죽이는 일은 ‘자신의 양심법’으로 다루어야 할 일이다.

우리는 자주 이 양심을 외면한다. 작은 것을 소홀히 아무렇게나 대해도 괜찮은 것으로 생각할 때가 많다. 시계를 만드는 이야기 속의 아버지 말처럼 작은 것이 없는 큰 것은 존재할 수 없다. 아무리 높은 63빌딩이라 할지라도 벽돌 하나하나는 소중한 역할을 하며, 쌀 한 톨 한 톨이 모여 우리의 식량이 되는 것이다.

작은 것을 사랑하지 않는 사람은 결국 큰 길로 가는 길을 놓치고 만다. 1초가 모여 세상을 변화시키는 이치를 안다면, 지금 이 순간도 우리 곁을 무수히 스쳐지나가는 이 시간들을 아무렇게나 흘려보낼 수는 없을 것이다.

‘시간이 해결해 준다’는 말이 있지만 실제로 일을 변화시켜야 하는 것은 시간이 아니라 바로 당신이다. 하루하루를 어떻게 보내느냐에 따라 당신의 인생이 결정된다는 진리를 명심, 또 명심하자.

대부분의 사람들이 꿈을 지니고 있기는 하지만 그것을 행동으로 연결
시키는 사람은 그리 많지 않다. 좋은 기회가 찾아왔는데도 자꾸 시간을
질질 끌며 망설이는 것은 많은 시간과 기회를 놓쳐 버리는 것이 된다. 당신
이 지금 생각한 바를 실천으로 옮기지 못한다면 바로 그 일을 다른 사람이
굳은 신념과 노력으로 이루어 낸 결과에 대해 당신은 놀라게 될 것이다.

PART 05

행동하지 않는 생각은 쓰레기에 불과하다

신념보다 중요한 건 실천이다

신념보다 중요한 것은 바로 실천의 결행이다. 대부분의 사람들이 꿈을 지니고 있기는 하지만 그것을 행동으로 연결시키는 사람은 그리 많지 않다. 그러나 망설임과 지연은 우리의 가장 큰 적이라는 것을 알아야 한다. 좋은 기회가 찾아왔는데도 자꾸 시간을 질질 끌며 망설이는 것은 많은 시간과 기회를 놓쳐 버리는 것이 된다.

당신이 지금 자신감과 신념을 갖고 있지 못하여 당신이 생각한 바를 실천으로 옮기지 못한다면 바로 그 일을 다른 사람이 굳은 신념과 노력으로 이루어 낸 결과에 대해 당신은 놀라게 될 것이다. 아마 그때 당신은 '왜 나는 그것을 생각으로만 그치고 말았을까?' 하며 가슴을 치며 후회하게 될 것이다.

괴테는 이렇게 말했다.

"오늘을 헛되게 보내면 또 다음날도 그렇게 보내게 될 것이다. 결단을 내리지 못하면 생각은 뒤로 밀려가고, 하루하루가 그렇게 지나고 보면 후회만이 남을 것이다. 실천의 결행에는 놀라울 만큼의 용기가 포함되어 있다. '어떤 일이라도 나는 해낼 수 있다'는 자신감을 갖고 시작하라. 일단 무슨 일이든 시작하고 나면 당신은 거기에 마음이 쏠리고 매달리게 될 것이다. 그리고 그 일은 결국 끝나게 될 것이다."

무엇이 당신에게 모든 일을 주저케 하는가? 그리고 그것이 무엇인지 한번 생각해 보았는가?

어떤 사람들은 자기 나이가 50살 안팎이면서도 '나이가 너무 많아서'라는 구실을 댄다. 그러나 이런 소극적인 사람들은 70대의 고령에도 새로운 일을 맞아 활기차게 일하는 사람들이 있다는 사실을 알아야 한다. 70대에 자기의 뜻을 일구지 못한 사람은 80이 되어서 후회하게 되어 있다.

우리가 얼마나 오래 살게 될지는 아무도 모른다. 따라서 우리의 현재 나이가 80이라 할지라도 앞으로 20년은 더 살 수 있다는 확신을 가지고 자신의 일을 해나가야 할 것이다. 그래야 100살이 되어서 후회하지 않게 된다. 따라서 항상 자기 인생의 마감을 70~80살에 놓고 인생을 다 산 것처럼 허송세월하는 것은 결코 바람직한 일이라고 할 수 없다.

시간은 결코 당신을 기다려 주지 않는다. 다시 말해 당신의 인생은 잠시도 쉬지 않고 빠른 속도로 흐르고 있다는 것이다. 따라서 당신은 앞으로 결코 지금보다 젊어지지도 그리고 더 건강한 몸 상태를 유지할 수도 없다.

어떤 사람들은 이런저런 핑계를 대면서 자신이 해야 할 일을 자꾸만 뒤로 미룬다. 새해가 시작되면, 새학기가 시작되면, 혹은 크리스마스가 지나면 그때부터 어떤 일을 시작하겠노라고 핑계를 대며 지금 당장 해야 할 일을 자꾸만 뒤로 미룬다.

또 어떤 사람들은 지난날의 그 어떤 가슴 아픈 상처나 실패로 말미암아 머뭇거리는 경우도 있다. 그래서 그들은 이렇게 말하곤 한다.

"결코 나는 결혼하지 않을 거야."

"결코 나는 그 누구의 말도 믿지 않을 거야."

"결코 나는 사업을 시작하지 않을 거야."

"이제 신물이 나서 그런 일은 다시는 하지 않을 것이다."

만일 당신의 마음속에 이러한 생각들이 자리 잡고 있다면 당신 스스로가 과거의 그러한 불행이 당신을 지배하도록 방치하고 있는 것이 된다.

토마스 칼라일영국의 저명한 사학자이 프랑스 혁명에 관한 방대한 글을 탈고했을 때 그는 그것을 이웃에 사는 존 스튜어트 밀에게 보여 주었다. 그런데 며칠 뒤에 그가 하얗게 질린 얼굴을 하고 나타나서는 "우리 집 하녀가 그 원고를 불쏘시개로 사용해 버렸다."고 말하는 것이었다.
칼라일은 기가 막혔다. 2년 동안의 노고가 허사가 돼 버렸기 때문이었다. 그는 그 글을 또다시 쓸 여력이 없었다.
그러던 어느 날 칼라일은 길을 가다가 한 석공石工이 길고 높은 벽을 한 층 한 층 쌓아 올리는 것을 보게 되었다. 그것을 보는 순간 칼라일은 다시 용기를 얻어 그 글을 다시 쓰기로 마음먹었다. 그리고 자신과 약속했다.
'오늘 한 페이지를 꼭 써야지. 지난번에도 그렇게 한 페이지부터 쓰지 않았는가?'
그리고 그는 다시 지난번보다 더 좋은 글을 쓰기 위해 천천히 정성을 들여 써 나갔다.

어떤 사람들은 행동으로 옮기기 전에 모든 일이 잘 되어지기만을 바란다. 그들은 호랑이를 잡으려면 우선 호랑이굴 속으로 들어가야 한다는 사실을 이해하지 못한다. 즉 그들은 행동을 통해서만 소원성취가 가능하다는 사실을 깨닫지 못하고 요행만을 바란다. 그런 사람들은 이미 인생이라는 게임에서 패배한 자들이다.

당신이 지금 최우선적으로 해야 할 일이 무엇인가? 시간이 더 지나서 늦어지기 전에 바로 그 일들을 하루라도 빨리 실행에 옮기도록 하자.

끈기 있는 자가 승리한다

어느 날 두 마리의 개구리가 크림 깡통 속에 빠졌다. 깡통 옆면은 미끄러웠고 크림은 차가웠다.

"이제 우리 어쩌면 좋지?"

첫 번째 개구리가 말했다.

"운명이지 뭐. 아무리 둘러봐도 도와줄 자가 없으니 죽을 수밖에 없어. 친구야, 잘 가게나!"

그러면서 그는 슬피 울다가 크림 속에 파묻혀 죽고 말았다.

두 번째 개구리는 첫 번째 개구리와 달랐다. 그는 살기 위해 네 발을 마구 휘저어 댔으며, 얼굴에 묻은 크림을 앞발로 훑어 빨아먹고, 눈과 코에 묻은 크림을 닦아내었다.

"힘이 있을 때까지는 최선을 다해 보는 거야. 그러다 보면 누가 와서 도와줄지도 몰라."

한두 시간을 두고 그 개구리는 그렇게 혼자 중얼거리며 온힘을 다해 헤엄을 쳤다. 그런데 이게 웬일인가? 마침내 크림이 버터로 굳어 그 개구리는 살아나올 수 있었다.

어떤 일이든 성공에 이르기까지는 많은 어려움을 거치게 된다. 때로는 가파른 언덕을 올라야 하고 굴곡이 심한 커브 길을 돌아야 할 때도 있다. 그런데 이러한 어려움들을 참아내지 못한다면 성공을 기대하기가 어렵다. 캘빈 쿨리지라는 사람은 이렇게 말했다.

"이 세상에 인내를 대신할 만한 것은 아무것도 없다. 재능 역시 그러하다. 세상에는 재능을 가지고도 성공하지 못한 사람들이 너무도 많다. 천재도 아니다. 돈 한 푼 벌지 못하는 천재는 웃음거리에 불과하다. 교육도 인간을 성공하게 만들지 못한다. 이 세상은 이미 교육받은 낙오자들로 꽉 차 있다. 인내와 결심, 그리고 열심히 일하는 것이야말로 성공을 가져올 수 있는 지름길이다."

무슨 일이든 완전히 포기하여 좌절하기 전까지는 실패한 것이 아니다. 몇 번을 넘어졌든 간에 넘어졌을 때 그냥 한 번만 더 일어날 수 있는 인내를 가진다면 인생에서 성공할 수 있다. 따라서 어떤 일에 최선을 다했으나 성공하지 못했을 때 즉석에서 모든 걸 포기해서는 안 된다. 그 일에 성공하지 못했다 하여 그것이 결코 실패는 아니기 때문이다. 실패란 성공하지 못했다 하여 좌절하고 그 일을 포기해 버리는 것이다. 이런 때는 또다시 마음을 추슬러서 또 다른 일을 시작할 일이다.

한 건설회사 사장이 수백억 원을 날리고 완전히 파산한 후에 이렇게 말했다.

"돈을 잃는다는 것은 정말 무척이나 가슴 아픈 일이다. 그러나 사실 그것보다 더 염려가 되는 것은, 내가 이 일에 실패했기 때문에 또 다른 사업을 할 때도 두려움이 생기지나 않을까 하는 것이다. 내가 만약 다른 일을 시작하는 데 두려움을 느끼게 된다면 그때의 내 손실이란 수십 배로 가중될 것이기 때문이다."

그렇다. 한 가지 일에 실패했다 하여 다른 일까지 연관시켜서 '그것도 할 수 없을 것이다'라고 생각하는 것이야말로 정말 크나큰 손실이 아닐 수 없다.

불가피한 사정과는 타협하라

어떠한 사정이건 간에 불가피한 경우는 있는 그대로 받아들여 자신에게 맞추어 나갈 필요가 있다.

어느 책에선가 이러한 글귀를 본 적이 있다.

'이것은 그저 이것일 뿐 결코 다른 것이 될 수 없다.'

그렇다. 우리는 일생을 살아가는 동안 자주 불가피한 사정에 부딪히곤 하지만, 그렇다고 해서 그 불가피한 사정이 다른 사정으로 변할 수는 없는 것이다. 그런 때 우리에게는 선택권이 있을 따름이다. 그러한 사정을 불가 피한 것으로 받아들여 자신에게 맞추어 나가든지 아니면 거기에 도전하여 자신의 생활을 파멸로 몰아넣고 결국 신경쇠약에 걸리게 되든지 둘 중의 하나이다.

미국의 철학자이자 심리학자인 윌리엄 제임스는 이렇게 말했다.

이것이야말로 모든 불행의 결과를 정복하는 제1의 법칙이다. 어떠한 일이든지 그 일 자체만으로는 우리가 행복하게 되거나 불행하게 되지 않는다. 문제는 그에 대한 우리의 감정을 결정하는 '대응하는 방법'이다. 예수님은 '우리의 마음속에 천국이 있다'고 말씀했다. 그러나 지옥도 역시 우리의 마음속에 있다는 것을 알아야 한다.

불가피한 사정에 대해 아무리 슬퍼해도 사정은 결코 좋아지지 않는다. 따라서 스스로가 그 문제에 대응하는 태도를 고쳐야 할 것이다. 그렇다고 해서 당신에게 닥쳐오는 모든 불행에 대해 무조건 순종하라는 뜻은 아니다. 그것은 운명론에 다름 아니기 때문이다. 고칠 수 있는 것이라면 최대한의 노력을 기울여서 고쳐야 한다. 그러나 아무리 앞뒤를 재어 봐도 되지 않을 일이라면 굳이 생각하지 말아야 한다는 것이다.

미국의 크라이슬러 회사 사장인 K.T. 켈러는 이렇게 말했다.

또 엘시 맥코르믹은 「리더스 다이제스트」에 기고한 논문에서 이렇게 말했다.

불가피한 사정과 싸우면서 새로운 생활을 창조할 만큼의 원기를 가진 사람은 이 세상에 아무도 없다. 따라서 두 가지 가운데서 어느 하나를 택해야 한다. '불가피'라는 것에 그대로 순종하든지, 아니면 거기에 저항하여 스스로 부서지든지 하는 것이다.

자동차 타이어가 길과 맞서 저항한다면 그 타이어는 얼마 못 갈 것이다. 한때 타이어 제조업자들은 도로의 충격에 저항할 수 있는 타이어를 만들려고 한 적이 있었는데, 그러한 타이어는 얼마 못 가 발기발기 찢어져 버렸다고 한다. 그래서 만든 것이 도로의 충격을 그대로 흡수하는 타이어인데, 이는 도로의 충격을 잘 견뎌 나갔던 것이다.

이와 마찬가지로, 우리가 만일 험난한 인생행로의 충격을 그대로 흡수하고 거기에 보조를 맞추어 나가는 방법을 알고 있다면 보다 평탄한 생활을 즐길 수 있을 것이다. 그러나 만일 인생의 충격을 흡수하지 않고 반항한다면 우리에게 어떠한 일이 일어나게 될까? 마음속에 끊임없는 혼란을 일으켜 걱정하고 근심하며 긴장하고 흥분하여 신경과민에 걸리게 될 것이다.

세계사를 통틀어서 예수가 십자가에 못 박힌 이후 가장 유명한 죽음의 장면은 아마 소크라테스의 죽음이 아닌가 싶다. 아테네 사람들은 소크라테스에게 죄 아닌 죄명을 씌워 재판한 후 처형하게 하였다. 소크라테스와 친분이 있는 옥지기가 소크라테스에게 사약을 주어 마시게 할 때, 그는 그것을 거부하지 않고 받아들였다. 그리하여 그는 침착한 태도로 신성한 죽음을 맞이할 수 있었던 것이다. 그때 그는 자기가 아무리 살려고 몸부림을 쳐봐도 그 상황이 바뀌지 않는다는 것을 잘 알고 있었던 것이다.

'불가피한 사정을 그대로 받아들이라'는 이 말은 예수가 탄생하기 399년 전의 말이지만, 걱정과 근심이 쌓여 있는 오늘에 이르러서는 더욱 필요하게 되었다. 불가피한 사정이 닥칠 때는 이를 순순히 받아들이도록 하자. 그것만이 당신이 처한 어려운 상황에서 빨리 벗어날 수 있는 길이다.

놓친 물고기가 크게 느껴진다는 말이 있듯이, 잃어버린 기회에 대해 언제까지나 푹푹 한숨을 쉰다고 해서 지나가 버린 그 기회가 다시 돌아오는 것은 아니다. 이런 때는 하루빨리 잊고 차선책을 찾든지 새로운 일을 찾아 새 출발할 일이다.

실패자의 변명

당신은 어리석은 자들이 자주 입에 담는 "그런 일은 할 수 없다."는 변명의 말에 현혹되어서는 안 된다. 다른 사람들이 손쉽게 하고 있는 것을 가지고 "나는 할 수 없다."라고 말하는 것은 정말 부끄러운 일이며 어리석은 일이 아닐 수 없다. 그들은 흔히 별로 문젯거리가 없는 일을 가지고도 "왜 내가 그 일을 할 수 없었는지에 대해 설명해 주겠노라."며 이것저것 변명을 늘어놓곤 한다.

이런 사람들이야말로 자기가 정말 할 수 없는 것이 무엇인지를 분간 못하는 어리석은 사람들이다. 그래서 결국 그들은 자신들보다도 능력이 뒤떨어지는 사람들의 뒤로 처지게 된다. 학업성적이 떨어지는 학생은 학원타령, 독서실 타령을 하며 자신의 실패를 변명하고, 사업에서 실패한 사람은 지역타령, 팔자타령 등을 하며 자신의 실패를 변명하곤 한다.

그러나 주위에는 이러한 것들을 모두 극복하는 사람들이 적지 않다는 사실을 주목하기 바란다. 학원이나 독서실은커녕 학교에도 나가지 못하는 어려운 환경 속에서도 독학하여 성공한 사람이 있는가 하면, 다 쓰러져 가는 회사를 인수하여 잘 나가는 회사로 성장시킨 사업가도 세상에는 적지 않다.

어려움을 딛고 성공한 사람에게 있어서는 그러한 실패자의 넋두리가 핑계거리에 지나지 않는다. 그들은 실패자의 변명을 이렇게 일축한다.

"주위의 어려운 환경이 문제가 아니라, 그 어려운 환경을 어떻게 딛고 일어날 것인가 노력하는 것이 중요하다."

2001년 당시 일본에는 큰 태풍이 있었다. 가을 수확기에 불어 닥친 태풍은 농사와 과수를 재배하는 농가들에 엄청난 경제적 피해를 주었다. 과수원마다 과일이 나무에 붙어 있지 못하고 우수수 땅에 떨어졌으며, 그나마 나무에 달려 있는 과일도 바람과 가지에 흠결이 난 상황이었다.

이대로는 어떤 사과도 판매할 수 없는 절박한 상황이었다. 농민들은 실의에 빠져 술로 의지하거나 헐값에라도 사과를 팔 수 있는 방법을 모색하고 있었다.

그때 한 젊은 농부가 태풍에 사과는 떨어졌지만, 떨어지지 않은 사과가 있으니 이를 입시선물로 내놓으면 좋겠다는 아이디어를 제안했다. 이름하여 '합격 사과'였다. 합격 사과의 광고 카피도 무척이나 훌륭했다.

"태풍에도 안 떨어진 사과가 그까짓 시험에 떨어지랴!"

이 사과는 백화점에서 비싼 가격에 입시선물 상품으로 팔리고, 사람들은 대학 입시생인 자식과 후배들을 위해 이 합격사과를 선물했다. 강한 시련에 부딪혀도 생존할 수 있는 자신감을 학부모들은 자식들에게 선물하고 싶어 했다. 그러니까 부모님의 마음에 합격을 판 것이다. 이때는 사과가 중요한 게 아니라 '태풍에도 안 떨어졌다는 사실'이 중요한 것이었다.

태풍에 떨어지지 않은 사과라는 상품의 희소성, 입시지옥이라는 교육제도의 틈새를 노린 합격사과는 과일이 맛과 가격이 아니어도 마케팅과 전략적 이미지로 판매될 수 있다는 영감과 시장의 기막힌 심리를 꿰뚫은 제품이다.

대부분의 농부들이 '땅에 떨어진 사과'를 바라보며 절망감에 젖어 있을 때, 이 젊은이는 '사과나무에 붙어 있는 사과'들을 본 것이다. 당신은 어떤 사람인가? 떨어진 사과를 보고 절망하는 쪽인가? 아니면 나무에 붙어 있는 사과를 보면서 살아나갈 방법을 연구하는 사람인가?

그리고 또 한 가지 "나는 내 힘으로 성공했다."라고 말하는 사람은 자주 보았으나 "나는 나 때문에 실패했다."고 말하는 사람은 지금까지 별로 보지 못했다.

"나는 내 부모님 때문에 성공하지 못했어."

"나는 내 아내 남편 때문에 성공하지 못했어."

또 어떤 사람들은 자신의 학력이나 성별, 열악한 환경이나 신체조건 때문이라고 불평하기도 한다. 또 심지어는 자신이 태어난 일시가 나빠서 그렇다고까지 말하는 사람도 있다. 하지만 운명이란 태어나기 전부터 이미 결정된 것이 아니라, 자신의 무능력과 실패의 원인을 이렇게 다른 사람이나 사회에 돌리려는 잘못된 사고방식에서 비롯된다는 사실을 기억해야 한다.

당신의 성공과 행복은 당신 자신의 사고방식에게서부터 시작된다. 당신이 운명이라는 것을 무시해 버릴 때 당신은 인생 위에 위대한 탑을 쌓아올릴 수 있는 것이다.

오늘은 내 인생 최고의 꽃봉오리

지나간 모든 순간은 아쉽다. 일종의 후회다. 그 순간에 무엇인가를 하지 않은 것에 대해 혹은 그 순간에 만났던 사람에게 마음을 열지 못했던 것에 대해 우리는 끊임없이 후회한다.

나는 가끔 후회한다

그때 그 일이 노다지였을지도 모르는데

그때 그 사람이

그때 그 물건이

노다지였을지도 모르는데

더 열심히 파고들고

더 열심히 말을 걸고

더 열심히 귀 기울이고

더 열심히 사랑할 걸

지나간 일들이 후회로 남는 건 아마도 우리가 몸을 사렸기 때문일 것이다. 이 시는 '더 열심히 파고들고, 더 열심히 말을 걸고, 더 열심히 귀 기울이지 않았던' 날들을 후회한다. 우리는 왜 지나가 버린 다음에 그 순간이 소중함을 알게 되는 것일까? 오늘부터라도 지금 이 순간이 내 인생 최고의 '꽃봉오리'라고 생각해야겠다. 그게 쉽지는 않겠지만 억지로라도 그렇게 생각해야겠다.

나는 1997년 IMF 때 과욕으로 인해 전 재산을 잃고 과거에 얽매여 고통 속에 지내다가 건강까지 잃었다. 그 고통의 긴 터널을 벗어나는 것은 희망과 믿음을 가지고 지금까지 하루하루 최선을 다한 결과다.

삶에서 가장 중요한 순간은 바로 '지금'이다. 어제는 부도난 수표이고, 내일은 약속어음이며, 오늘은 준비된 현금이다. 또한 어제는 역사이고, 내일은 미스터리이고, 오늘은 선물이다. 그래서 영어에서는 현재와 선물을 모두

present로 쓴다. 과거와 미래라는 것은 인간의 의식에만 존재할 뿐 우주 어디에도 없다. 존재하는 것은 오직 현재뿐이다.

꿈을 이루고 성공하고 행복을 쟁취하는 비결은 오늘을 온전히 사는 것이다.

우리에게는 오직 오늘뿐이다. 지나간 과거는 바꿀 수 없고, 앞으로 다가올 미래는 어떤 모습일지 알 수 없다. 우리가 능력을 발휘할 수 있는 시간은 바로 오늘뿐이다.

그러므로 할 일이 생각나거든 지금 하자.

오늘은 맑지만 내일은 구름이 보일지도 모른다.

친절한 말 한 마디가 생각나거든 지금 말하자.

사랑하는 사람이 언제까지 곁에 있지는 않는다.

사랑의 말이 있다면 지금 하자.

사랑하는 사람이 당신 곁을 떠날 수 있다.

미소를 지으려면 지금 웃어 주자.

당신이 주저하는 사이에 친구들이 떠날 수 있다.

불러야 할 노래가 있다면 지금 부르자.

노래를 부르기엔 이미 늦을 수 있다.

어제는 역사고 내일은 비밀이고 오늘은 삶이다. 나의 미래는 지금 내가 무엇을 생각하고 무엇을 하고 있느냐에 따라 달라진다. 나의 미래는 나의 미래가 결정짓는 게 아니라 나의 오늘이 결정짓는다.

강철을 불에 달구면 더욱 강해지듯이 역경이나 시련은 인간을 강하게 연단한다. 지혜로운 사람은 시련과 역경 속에 담긴 하늘의 메시지에 귀를 기울인다. 생선이 소금에 절임을 당하고 얼음에 냉장을 당하는 고통이 없다면 썩는 길밖에 없다. 마음속에 작은 기쁨, 작은 희망 하나만 있으면 그 어떤 슬픔과 절망 가운데서도 다시 일어설 수 있다.

성공의 꽃은 역경과 실패의 눈물 속에서 피어난다

인생이 아름다운 것은 고통이 있기 때문이다

'맹자孟子'의 '고사장告子章'에 다음과 같은 말이 나온다.

하늘이 장차 그 사람에게 큰일을 맡기려고 하면,
첫째, 그 마음과 뜻을 괴롭히고
둘째, 근육과 뼈를 깎는 고통을 주고
셋째, 그 생활을 빈곤에 빠뜨리고
넷째, 하는 일마다 어지럽게 하고
다섯째, 그 이유는 마음을 흔들어 참을성을 기르게 하기 위함이고, 지금
까지 할 수 없었던 일을 할 수 있게 함이라.

당신이 세운 목표를 달성하자면 예기치 못했던 시련이 따를 수도 있다.
그럴 때는 당황하지 말고 그 어려운 요소들이 무엇인지부터 파악해 내고
그 문제점들을 침착하게 하나하나 해결하면서 목표 지점을 향해 나아가지

않으면 안 된다.

당신이 만일 병원에 입원한 환자라면 당신의 오늘 목표는 팔을 움직이는 일이며, 내일은 다리를 들어올리고, 모레는 허리를 구부리고, 다음엔 일어서서 걸으이며, 그 다음에는 집으로 돌아가는 순으로 목표를 삼아야 할 것이다. 그렇게 단계적으로 목표를 세우고 나서 하나하나 문제점들을 해결해 나가면 일은 생각보다 쉬워지게 된다.

그리스의 철학자 디오게네스가 중병에 걸려 앓고 있는 안티스테네스를 문병했다.

"제발 나를 이 고통에서 해방시켜 주게나."

디오게네스를 보자 안티스테네스는 나약한 모습으로 신음하며 말했다.

디오게네스는 잠시 생각하더니 갑자기 허리에 차고 있던 단검을 빼어 들고 친구의 가슴을 노려보았다.

그러자 안티스테네스가 병상에서 벌떡 일어서며 소리쳤다.

"아니, 자네 지금 왜 이러는가? 벗어나고 싶은 건 고통이지 목숨이 아니네!"

그러자 디오게네스가 말했다.

"그 정신으로 살면 병에서 해방될 수 있네."

목표를 이루는 데 있어서 무엇보다도 중요한 것은 당신의 정신 자세다. 만일 당신 앞에 어떤 어려움이 찾아왔을 때 그것을 '도저히 헤쳐 나갈 수 없는 일이다'라고 생각한다면 당신은 이미 그 일을 마음속으로 포기한 것이 되어서 그 어려움을 결코 헤쳐 나갈 수 없게 된다.

그러나 반대로, 당신이 그것을 '어떤 어려움이 따르더라도 기어이 해결하고야 말겠다'는 굳건한 의지를 가진다면 당신은 어떤 수를 쓰더라도 그 일을 해내게 되어 있다. 당신의 그 굳건한 의지와 신념이 그 일을 해낼 수 있도록 힘과 지혜를 주기 때문이다.

당신이 신나게 자동차를 몰고 비포장도로를 달리고 있는데 갑자기 뒤 타이어에 펑크가 났다고 치자. 그러면 당신은 타이어를 갈아 끼워야 할 것이다. 그래서 당신이 리프트lift : 일명 자키로 차의 뒤를 들어 올리려고 하는데 갑자기 리프트가 뚝 하고 부러져 버린다.

리프트가 부러졌으니 일은 더욱 난감하기만 하다. 이제 도저히 차체를 들어 올리고 바퀴를 끼울 방법이 없다. 그때 옆에서 아내가 뒷바퀴 밑에다 웅덩이를 파자고 제의한다. 그래서 당신은 특별한 방법이 없으니 어쩔 수 없이 그 제의에 따른다.

두 사람은 차체 아래에 큼지막한 돌을 받쳐놓고 작은 등산용 삽으로 바퀴 아래쪽을 조금씩 파헤쳐 가기 시작한다. 도로에 박힌 돌을 하나씩 뽑아내고 흙을 한 줌씩 긁어낸다. 이마에서는 굵은 땀방울이 뚝뚝 떨어진다. 소매로 땀을 훔쳐내며 바퀴를 갈아 끼울 수 있을 만큼 웅덩이를 파고 나서 바퀴를 돌려보니 빙글빙글 잘도 돌아간다. 이제 타이어만 갈아 끼우면 된다.

타이어는 쉽게 갈아 끼울 수 있었다. 두 사람은 이마의 땀을 훔치며 자동차 안으로 들어간다. 당신은 시동을 건다.

이때의 기분이란 이루 말할 수 없을 것이다. 정말 힘들고 짜증난 일이었지만, 이때처럼 승리의 쾌감에 젖을 수 있는 기회도 아마 드물 것이다. 바퀴에 펑크가 나지 않았다면, 과연 그러한 승리감을 맛볼 수 있을까?

이처럼 우리가 세상을 살아가는 데 있어 어떠한 문젯거리가 우리에게 승리를 안겨 주고, 나아가서 그것은 우리에게 감격과 행복을 가져다주는 계기가 되는 것이다. 만일 당신이 어떤 어려운 문제에 직면하지 못한다면,

당신은 인생의 낙과 행복을 만나지도 누리지도 못할 것이다.

　내가 그동안 힘겨운 삶을 살아오면서 참을 수 없는 고통이 몰아칠 때마다 스스로를 격려하며 힘을 얻은 말들이 있다.

「삶의 신비」
현실은 나의 스승
고통은 나의 창조
슬픔은 나의 정화
실패는 나의 발견
패배는 나의 깨침
고난은 나의 투쟁

　살다 보면 울 때가 있고 웃을 때가 있으며, 슬퍼할 때가 있으면 춤출 때도 있다. 썰물이 밀물이 되듯이 잃는 것이 있으면 얻는 것이 있다. 순간의 승리에 교만하지도 말고 패배에 좌절하지도 말 일이다.

　어느 날 다윗 왕이 반지를 하나 갖고 싶어 반지세공사를 불러 말했다.
　"나를 위한 아름다운 반지를 하나 만들되, 내가 승리를 거두고 너무 기쁠 때 교만하지 않게 하고, 내가 절망에 빠지고 시련에 처했을 때 용기를 줄 수 있는 글귀를 넣도록 하라."
　"네 잘 알겠습니다, 폐하!"
　세공사는 다윗의 명령을 받들어 멋진 반지를 하나 만들었다. 그런데 그 반지에 어떤 글귀를 새겨야 좋을지 좀처럼 떠오르지 않았다. 그래서 그는 지혜의 왕 솔로몬을 찾아갔다.

인생은 밀물과 썰물의 연속이다. 좌절의 썰물에 굴복하지 않고 의연하게 항거하는 인생은 아름답다.

산행山行이든 인생이든 지혜가 필요하다. 하지만 역설적으로 산행의 정수는 고통이다. 산행이 인생 여정과 닮은 이유도 바로 이 고통이라는 녀석 때문이다. 산행이고 인생이고 고통을 이겨냈기 때문에 더욱 쾌감이 든다. 정상에 오르는 것은 고통을 이겨내는 자에게만 허락된 특권이다. 우리가 이룬 인생의 성공이 더욱 아름답게 빛나 보이는 것은 이 고통이 있기 때문이 아닐까 싶다.

역경은 성공의 디딤돌이다

어떤 사람이 죽어서 염라대왕 앞에 불려가게 되었다.

염라대왕이 그 사람의 인생 장부를 펴 보고 나서 말했다.

"너는 아직 여기에 올 때가 아닌데 잘못 왔구나. 너와 함께 온 두 사람도 잘못 왔는데 이를 어쩌면 좋은고? 이미 이승에서는 너희들 장례식도 끝내 버렸으니 다시 돌아갈 수도 없고, 이거 정말 미안하게 됐구나. 내가 너희 세 사람을 세상에 다시 태어나게 해 줄 테니 어디 한번 각자의 소원을 말해 보도록 해라."

그러자 첫째 사람이 말했다.

"대왕마마, 나는 한평생을 두고 지지리도 가난하게 살았습니다. 그게 한이 되오니 이번에는 부자로 태어나서 돈이나 펑펑 쓰게 해주십시오."

염라대왕이 말했다.

"알았다. 그럼 그렇게 하도록 하겠다."

염라대왕이 두 번째 사람에게 물었다.

"그래, 너는 어떤 사람으로 태어나고 싶은고?"

"나는 한평생을 두고 세상 사람들로부터 무시만 받고 살았는데 이번에는 권세 있는 사람으로 태어나서 떵떵거리며 살고 싶습니다."

"알았다. 그럼 그렇게 하도록 하마."

염라대왕은 또 세 번째 사람에게 물었다.

"너는 어떻게 해주랴?"

세 번째 사람이 대답했다.

"나는 돈도 싫고 권력도 싫습니다. 그저 공기 맑고 인심 좋은 곳에서 예쁜 아내와 함께 많은 자녀 낳고 무병장수하며 아무런 근심 없이 백년해로하고 싶습니다."

그러자 염라대왕이 껄껄 웃으며 말했다.

"예끼 이놈! 그런 곳이 있으면 내가 가겠다."

그렇다. 세상을 살면서 한 번도 고난을 겪어보지 않은 사람이 어디 있겠는가? 젊은 시절의 고난은 인생의 소중한 자산이다. 그런데 역경을 탓하고 그것에 굴복하는 사람은 평생 비극적인 삶을 살아갈 수밖에 없다. 역경은 불과 같은 것이다. 그것을 어떻게 사용하느냐에 따라 그 결과는 엄청난 차이가 난다.

큰일을 도모하고자 할 때 사실 역경은 성공의 걸림돌이 아니라 디딤돌이 될 수 있다. 대나무가 휘어지지 않고 똑바로 자랄 수 있는 것은 줄기의 중간 중간을 끊어 주는 시련이라는 마디가 있기 때문이다. 따라서 장기적인 목표를 가지고 있다면 일시적인 장애물쯤은 쉽게 극복할 수 있어야 한다. 자동차로 멀리 목적지까지 갈 때 모든 신호등이 푸른색이기만을 바란다면 아예 길을 나서지 말아야 할 것이다. 먼 길을 가다 보면 푸른색 신호등도 켜질 수 있고, 붉은 색 신호등도 켜질 수 있는 것이 아니겠는가?

우리는 우리에게 레몬 같은 인생이 주어졌더라도 그것을 레몬수로 변화시킬 수 있다. 즉 우리가 어떠한 어려운 상황에 처해 있더라도 그것을 황금기회로 변화시킬 수 있다는 것이다.

찰스 케터링이란 사람이 그에 대한 좋은 모델이다. 그는 자기 집 앞뜰에서 차에 시동을 걸다가 갑작스런 사고로 인해 팔이 부러졌다. 처음에 케터링은 부러진 팔을 움켜쥐고 고통스러워했다. 그러나 순간적으로 그는 이렇게 생각했다.

'차의 이런 시동법은 이처럼 무서운 사고를 불러일으킨다. 보다 더 쉽고 안전한 시동법이 개발되지 않으면 사람들은 차를 갖고 싶은 욕망이 감소될 것이다.'

그 결과 그는 '자동시동기'를 발명했다. 그의 레몬, 즉 부러진 팔은 현재 우리에게 레몬수로 변하여 돌아온 것이다.

찰스 굿이어라는 사람은 법정 모독죄로 인해 수감 중이었다. 그는 감옥에 있는 동안 불평 한 마디 하지 않았다. 그는 주방의 조수로 일하면서 오직 한 가지, 즉 고무의 경화법硬化法에 대해 골몰했다. 그 결과 고무의 경화법을 발견했던 것이다. 그는 힘든 감옥생활을 황금기회로 이용했던 것이다.

그리고 제이콥 시크라는 사람이 금광을 찾고 있을 때 기온이 영하 40도로 떨어졌다. 이것이야말로 그의 레몬이었다. 물이 꽁꽁 얼어붙다 보니 그는 면도조차 할 수 없게 되었다. 그래서 그는 전기면도기를 발명하게 되었는데, 그것이야말로 그가 발견한 금광이었다.

그들 외에도 모진 역경과 악조건을 극복하고 세상에 이름을 떨친 사람은 수없이 많다.

프랭클린 루즈벨트 전 미국 대통령은 소아마비를 앓은 사람이지만 그런

그를 아무도 장애인으로 기억하지 않는다. 미국에서 가장 위대한 경제 대통령, 경제 대공황을 극복한 대통령으로 기억되고 있다.

에이브람 링컨 전 미국 대통령은 초등학교도 졸업하지 못했지만 그런 그를 무학자로 기억하는 사람은 아무도 없다. 노예를 해방한 위대한 대통령으로 기억할 뿐이다.

아인슈타인과 에디슨 역시 학습 지진아나 무학자였지만 그렇게 기억하는 사람은 세상에 아무도 없다. 최고의 과학자와 발명가로 기억할 뿐이다.

베토벤은 청각장애인이었지만 아무도 그를 청각장애인으로 기억하지 않는다. 위대한 작곡가로 기억할 뿐이다.

존 버니언도 감옥에서 평생을 보낸 사람이지만 그런 그를 감옥수로 기억하는 사람은 아무도 없다. 『천로역정』의 저자로 기억할 뿐이다.

이들은 모두 절망 속에서 희망의 꽃을 피워낸 위인들이다. 이들이 자신의 열악한 처지와 환경만을 탓하고 있었다면 도저히 이룰 수 없는 것들이었다.

거듭되는 역경에 대해 '왜 나에게만……'이라는 생각으로 스스로의 의지를 꺾은 적은 없는가? 누구에게나 시련은 찾아온다. 문제는 그 시련을 받아들이는 사람의 태도이다. 자신의 의지가 약할수록 시련의 크기는 크게 느껴지는 법이다. 자기 안에 내재된 무한한 잠재력과 가능성을 신뢰하며 당당히 맞설 때 어려움을 이겨낼 수 있는 힘이 끊임없이 생겨나게 된다.

조용한 섬나라 뉴질랜드. 그곳에는 날지 못하는 새가 다섯 종류나 있다고 한다. 왜냐하면, 그 섬에는 새의 천적이 되는 다른 동물들이 없기 때문이다. 심지어는 뱀들도 독이 없다고 한다. 그래서 새들은 굳이 공중으로 날아오를 필요가 없이 그저 나뭇가지나 땅에서 지내게 되었고, 그러다 보니 날개가 있어도 날지 못하는 새가 되었다고 한다.

안일은 삶을 무기력하게 하지만 시련은 새를 날아오르도록 한다. 이렇듯 시련은 우리의 삶을 높이 끌어올리는 필수요소다.

칼을 숫돌에 갈지 않으면 날이 서지 않는다. 거울도 닦지 않으면 사물을 선명하게 비출 수 없다. 인간도 마찬가지다. 단련되고 연마되지 않는다면 내부에 존재하는 힘을 발휘할 수 없게 된다.

우리가 인생을 살아가자면 팔고八苦, 즉 여덟 가지의 고통이 따른다고 한다. 생로병사生老病死, 태어나고 늙고 병들어 죽는 고통, 애별리고愛別離苦, 내가 좋아하는 것들, 사랑하는 사람들과 헤어지는 아픔, 원증회고怨憎會苦, 내가 싫어하는 것들, 원수 같은 사람들과 만나지는 아픔, 구부득고求不得苦, 내가 원하거나 갖고자하는 것 등이 채워지지 않는 아픔에 오음성고五陰盛苦가 지배하는 네 가지 아픔, 즉 식욕·수면욕·성욕·명예욕을 합하면 모두 팔고가 되는데, 이 팔고는 사람으로 태어난 이상 누구나 겪어야 하는 짐수레와도 같은 것이라고 한다. 이 모든 걸 견뎌 나갔을 때 비로소 우리의 인생이 완성되는 것이다.

나의 지난날 경험을 떠올리며 독자들에게 꼭 해주고 싶은 말이 있다.

1) 아픔을 느낄 때는 두 배로 일하고, 두려움이 느껴지면 과감하게 돌진하자.
2) 열등감을 느낄 때는 새 옷으로 갈아입고, 무능력함이 느껴질 때면 지난날의 성공을 기억하자.
3) 가난함을 느낄 때는 다가올 부를 생각하고, 삶이 무의미하게 느껴지면 꿈꾸었던 목표를 되새겨보자.

오곡이 무르익는 풍성한 가을날에 주렁주렁 매달린 대추를 보노라면

장석주 시인의 「대추」라는 시가 떠오른다.

저게 저절로 붉어질 리는 없다
저 안에 태풍 몇 개
저 안에 천둥 몇 개
저 안에 벼락 몇 개.

저게 저 혼자 둥글어질 리는 없다
저 안에 무서리 내리는 몇 밤
저 안에 땡볕 두어 달
저 안에 초승달 몇 날.

세계적으로 큰 인물들은 밑바닥의 쓰라린 환경에서 태어나 처절한 고생을 하는 경우가 많았다. 대추 한 알은 얼핏 보면 작고 보잘 것 없어 보이지만, 그런 대추 한 알도 익어가는 과정에서 숱한 시련들을 딛고 일어서야만 비로소 탱글탱글 빨갛게 익어 맛있는 과실이 된다는 사실을 가슴에 새기자.

실패에 대한 두려움을 제거하라

세상에서 두려운 마음을 품는 것처럼 그렇게 우리를 병들게 하는 감정 작용은 없다. 두려움은 세일즈맨의 적극적 활동을 약화시키며, 처녀총각의 사랑고백을 망설이게 하고, 구직자가 직업을 구하는 길을 방해하며, 사업가가 결단을 내리는 데 주저케 한다. 따라서 그 두려움이 당신을 지배하기 전에 당신이 먼저 그것을 몰아내도록 하자.

한 사내아이가 아버지와 함께 동물원에 갔다. 사자 굴 앞을 지나갈 때 포효를 지르며 어슬렁거리는 사자에 놀라 그 사내아이는 울기 시작했다. 아버지가 물었다.
"얘야, 왜 그렇게 우는 거야?"
겁에 질린 목소리로 아이가 대답했다.
"아빠, 저 사자가 보이지 않아요?"
"보이지."

아버지가 말했다.

"그렇지만 이 아빠는 철장도 함께 보고 있단다."

사물을 부정적으로만 보는 사람들은 이처럼 사자 우리 속의 사자만 눈에 보일 뿐 철장을 보지 못한다.

두려움은 암흑 속에서 번식하고 신념은 빛 속에서 성장한다. 따라서 신념의 빛을 실패의 두려움에다 비추도록 하자. 그때 비로소 당신은 실패를 두려워하지 않는 놀라운 발견을 실제로 체험하게 될 것이다.

실패에 대한 두려움은 완벽주의의 지나친 이상적 사고에서 파생되는 것이다. 만일 당신이 실패하여 겪게 되는 두려움은 당신이 타인의 눈에 불완전한 사람으로 취급되지나 않을까 하는, 즉 당신의 '위신' 때문일 수도 있다. 그러나 당신이 기억해야 할 것은 완벽하게 아무 일도 못 하는 것보다는 불완전하게나마 무언가를 하는 게 훨씬 더 낫다는 것이다.

괴로움에 싸인 어떤 사람이 그의 스승을 찾아갔다.

"선생님, 나는 인생의 패배자입니다. 제가 하는 일은 항상 반밖에 성공하지 못합니다."

"아, 그래?"

"선생님, 뭔가 지혜로운 방법을 좀 말씀해 주십시오."

한참을 생각하고 난 스승이 말했다.

"그래, 내가 그 방법을 하나 일러주지. 지금 가서 1970년도 뉴욕 타임스 연감의 930쪽을 보게나. 그러면 아마도 마음의 평화를 얻을 것이네."

"그렇습니까?"

사나이는 인사를 하고 물러나와 스승이 시킨 대로 그 930쪽을 펴 보았다.

역대 유명 타자의 일생 동안의 평균 타율표가 기록되어 있었다. 그들 가운데에서 가장 뛰어난 타자인 타이콥은 평생 타율이 겨우 3할 6푼 7리였고, 베이비 루스는 그만도 못했다고 나와 있었다.

"그런데 그것이 어쨌다는 것일까?"

사나이는 궁금해서 스승을 다시 찾아가서 물었다.

"스승님, 그 타율하고 저하고 무슨 관계가 있습니까?"

"타이콥은 3할 6푼 7리, 즉 그는 세 번을 쳐야만 겨우 한 번씩 안타를 친 걸세. 그러니까 그는 5할도 못 때린 셈이지. 그런데 5할을 성공한 자네가 더 이상 무엇을 더 바라는가?"

이 세상에는 완벽한 사람이란 있을 수 없다. 따라서 세상의 어느 누구도 당신이 완벽한 사람이기를 기대하거나 요구하지 않는다. 완벽에 가까운 참으로 훌륭한 사람은 당신이 실패하여 당신의 불완전함이 드러났을 때 당신을 비웃거나 외면하지 않는다. 오히려 그는 진심으로 당신을 이해하고 격려해 줄 것이다. 당신의 실패는 당신이 인간임을 증명해 주는 것이다. 이 세상 사람은 누구나, 어떤 면에서나 어느 수준에서는 모두 실패자라고 할 수 있다.

발명왕 에디슨은 최초의 백열등을 만들기 위해 천 번이 넘는 실험을 하였다고 한다.

어느 날 에디슨의 동료들 중 한 명이 그에게 말했다.

"선생님, 죄송하지만 여쭤 볼 것이 있습니다. 천 번도 넘게 실험을 하고도 아직 성공을 못했는데 혹시 실패했다고 생각지 않으십니까?"

그러자 에디슨이 대답하였다.

에디슨은 유년시절 심각한 학습장애를 가진 아이로 여겨져 주위 사람들로부터 따돌림을 당했다. 요즘 말로 왕따를 당한 것이다. 그러나 에디슨은 굳은 의지와 확고한 목표의식 그리고 일관성을 가지고 고난과 역경을 뛰어넘어 유토피아를 구현했다.

타인의 성공 경험은 자신의 재산으로 만들기 어렵지만 실패한 경험은 자신의 재산으로 만들 수 있다. 모두들 성공만을 추구하고 있지만, 행동하기 전 실수와 실패를 피할 수 있는 방법을 먼저 생각하자. 기업이나 다른 사람들의 실패들이 모두 나의 재산이 되도록 하자.

한 걸음에 너무 멀리 가려고 하지 말자. 씨앗을 심은 농부는 그것이 금방 자라기를 바라지 않는다. 싹이 돋아나기를 기다리고, 비가 내려주기를 기다리고, 그것이 자라기를 참고 기다린다. 우리 인생도 그와 별반 다르지 않다. 무슨 일이든 참고 기다리는 과정이 있어야만 그 일을 능히 이룰 수가 있다.

이 말을 '문제 해결'을 위한 원칙으로 삼자. 그리고 자신이 바라는 그런 사람이 되기 위해 자신의 정력을 쏟아 붓자.

과거의 실패로 인한 우울한 감정들을 과감히 떨쳐라

19세기 최고의 시인으로 불리는 롱펠로는 매우 불행한 삶을 살았다. 첫 아내는 평생 동안 병을 앓다가 숨졌고, 두 번째 아내는 집에 화재가 발생해 화상으로 목숨을 잃었다.

두 여인을 잃고도 롱펠로의 왕성한 창작욕은 식을 줄을 몰랐다. 그의 아름다운 시는 많은 사람들에게 진한 감동을 선물했다.

임종을 앞둔 롱펠로에게 한 기자가 물었다.

"선생님은 험한 인생 고개를 수없이 넘으면서도 어떻게 그런 아름다운 시를 남길 수 있었습니까?"

롱펠로는 정원의 사과나무를 가리키며 대답했다.

"저 사과나무가 바로 내 인생의 스승이었지요. 저 나무에는 해마다 새로운 가지가 생겨납니다. 그곳에서 꽃이 피고 단맛이 나는 열매가 열리지요. 나는 내 자신을 항상 새로운 가지라고 생각했습니다."

혹시 당신이 과거의 실패나 그로 인한 상처, 그리고 좌절로 인해 마음속으로 고통을 당하고 있는 것은 아닌지 모르겠다. 그렇다면 당신의 마음속에 과거의 그러한 악령들이 자리 잡지 못하도록 과감히 물리쳐야 한다. 지난날에 하려다 못한 당신의 후회가 당신의 남은 인생을 지배케 해서는 절대로 안 된다.

어떤 일에 한번 실패했다고 해서 앞으로도 당신이 행하는 일마다 실패하는 건 아니다. 어떤 사람들은 자신이 어떤 일에서 실패하면 그 실패의 기억을 다른 일에까지 연결시켜 미리 실패를 점치며 자신을 잃곤 하는데 이는 어리석은 일이 아닐 수 없다.

매사를 부정적으로 보며 불가능하다고만 말하는 사람들은 극단적인 위선자들이다. 그들의 부정적인 말은 스스로를 책임지지 않겠다는 뜻이다. '난 그 일을 포기했다', '나는 인생의 패배자다', '나는 하찮은 존재다', '이제 모든 게 끝장이다' 등등의 말은 자기기만이며 과장된 거짓말이다. 따라서 절대로 이러한 부정적이고 자기기만적인 말이나 생각을 갖지 말자.

리차드 레먼 씨는 그의 저서 『불확실성의 과학』에서, 제2차 세계대전 중 프랑스 파리에 있는 한 교회의 정신병원에서 발생했던 일에 대해 이렇게 말하고 있다.

"치유 불가능한 상태로 미쳐 버렸다고 판단된 154명의 정신병자들이 정신병원에 수용돼 있었는데, 어느 날 밤, 적군이 그 병원에 포격을 가해 왔다. 그러자 정신병자들은 그곳에 포탄이 떨어지기가 무섭게 뿔뿔이 도망쳤던 것이다. 나중에 전쟁이 끝난 뒤에 그들을 찾아보니 다행히 크게 다친 사람은 없었고, 154명 가운데 86명은 이미 정상인이 되어 있었다."

정신병자라는 그 절망적인 상황에서도 완전한 실패나 포기란 없었다는 사실을 기억하기 바란다.

지금 당신의 마음을 괴롭히는 어두운 과거의 기억은 무엇인가? 하루 빨리 그 어두운 과거로부터 탈출하자. 그리고 변화된 모습으로 빛을 향해 새롭게 나아가자. 어둠을 몰아내는 데는 빛이 제일이다.

에머슨은 이렇게 말했다.

"오늘 일은 오늘 해와 함께 그치게 하라. 당신은 일하는 동안에 때로는 실패나 과오도 있을 것이다. 이것을 될 수 있는 대로 빨리 벗어나라. 내일은 새로운 하루가 시작된다. 마음을 일신하여 지난날의 악몽에 얽매여서 괴로워하지 않는 높은 정신을 가지고 새날을 맞이하라."

과거에 대한 이러한 태도야말로 오늘을 살아가는 우리에게 새로운 활력소를 제공해 줄 것이다.

과거의 안 좋았던 기억에서 하루 빨리 벗어나자. 하나의 기회의 문이 닫히면 다른 기회의 문이 열리는 것이 삶의 이치이다.

사람은 실패를 통해 다시 태어난다

당신의 마음속에 부정적인 마음이 싹트는 것은 실패에 대한 두려움 때문이다. 다시 말해 당신은 그 실패의 두려움 때문에 적극성을 펴지 못하는 것이다.

누구나 참된 실패를 경험하지 않는 한 그가 성공했다는 것을 깊이 깨달을 수가 없다. 장대높이뛰기 선수의 경우, 장대를 떨어뜨려 보지 않고서는 자기가 얼마나 높이 뛸 수 있는가를 자신할 수 없는 것이다. 따라서 실패할 때까지 계속해서 당신의 목표 지점을 높여 나가지 않으면 안 된다.

당신은 현실이든 상상의 세계이든 당신의 인생을 당신의 문제에 사로잡히게 해서는 안 된다. 적극적 사고방식을 가진 사람은 어려운 문제를 통하여 더욱 용기를 얻고 격려를 받는다. 다시 말하면 어려운 문제들이 '창조를 위한 기회'라는 걸 깨닫게 되는 것이다.

소극적 사고방식을 가진 사람은 '중단과 정지의 힘'을 가지고 있는 반면 적극적 사고방식의 소유자는 '시작과 출발의 힘'을 가지고 있다. 따라서 소극적 사고방식의 소유자는 자신을 불구자로 만들고 적극적 사고방식의 소유자는 자기 자신을 활력이 넘치는 건전한 사람으로 만든다.

어떤 커다란 일을 꾀했다가 실패했다는 것은 당신의 생애 가운데서 가장 위대한 일이 될 수도 있다. 그래서 나는 성공 사례보다는 오히려 실패 사례를 더 많이 연구한다. 성공 사례는 꿈을 꾸게 해주지만 실패 사례는 꿈을 이루는 길을 가르쳐 주기 때문이다.

이제부터 새로운 결심을 하자. 당신에게 직면한 어떠한 문제가 당신의 꿈을 정지시키거나 제거시키지 못하게 하겠다고. 그리고 당신의 문제점이 무엇인가를 알아낼 만큼 당신이 현명하다면 그 문제를 해결할 정도의 능력 또한 당신에게 있다는 사실을 확신하기 바란다.

이제 당신은 실패의 정의를 이렇게 수정하자.

· 실패란 실패자임을 뜻하는 것이 아니라 아직은 성공하지 못하고 있다는 것을 의미할 뿐이다.
· 실패란 어느 한 가지도 이루지 못했다는 걸 의미하는 게 아니라 도리어 무엇인가를 배웠다는 것을 뜻한다.
· 실패란 어리석고 바보였다는 걸 의미하는 게 아니라 오히려 많은 신념을 배워 가졌음을 뜻한다.
· 실패란 자신의 체면에 손상을 입힌 걸 의미하는 게 아니라 커다란 시도를 하려 한다는 것을 뜻한다.
· 실패란 아무 것도 소유하지 못한 걸 의미하는 게 아니라 다른 방법으로 무엇인가를 해야만 한다는 것을 뜻한다.
· 실패란 열등함을 의미하는 게 아니라 다만 자신이 완전하지 못하다는 것을 뜻한다.

- 실패란 소중한 생을 허비했다는 것을 의미하는 게 아니라 이제부터 새 출발할 이유를 가졌다는 것을 뜻한다.
- 실패란 포기해야 한다는 걸 의미하는 게 아니라 이제부터 보다 열심히 해야만 한다는 걸 뜻한다.
- 실패란 결코 할 수 없음을 의미하는 게 아니라 약간 오래 걸릴 거라는 것을 뜻한다.
- 실패란 신으로부터 버림받았다는 것을 의미하는 게 아니라 신이 당신을 더욱 발전시키기 위해 주신 선물이다.

이처럼 그동안 자신의 마음속에 품어 왔던 실패에 대한 정의를 정반대로 바꿔 긍정적으로 내리도록 하자. 그럴 때 당신은 소극적 사고방식의 소유자들에 의해 풀이되는 실패의 정의를 당신에게서 추방시킬 수 있게 된다. 그러니까 실패란 그것이 하나의 새로운 길잡이가 되거나 힘을 불어넣어 주는 자극제가 될 때 결코 실패가 될 수 없는 것이다. 그러므로 실패의 바른 의미는 부정적이고 소극적인 태도 그 자체인 것이다.

최악의 순간을 승리로 이끌어라

20세기의 지도자들 가운데서 윈스턴 처칠만큼 용기 있고 담대하고 고무적인 사람도 없을 것이다. 세계 제2차대전 중에 히틀러가 전 서부유럽을 휩쓸면서 프랑스도 넘어지고 전 유럽이 히틀러 앞에서 무릎을 꿇었다. 이 가운데에는 체코, 폴란드, 노르웨이, 덴마크, 네덜란드, 벨기에 등도 포함되어 있었다.

바로 그때 윈스턴 처칠이 하원에서 행한 역사적 연설이 전 세계의 라디오를 통해 흘러나왔다.

"여러분이 '우리의 목적이 무엇이냐?'고 묻는다면 나는 한 마디로 '오직 승리뿐'이라고 대답할 것입니다. 어떠한 대가를 치르더라도 우리는 오직 승리의 길을 걸을 뿐입니다. 승리가 없이는 생존이 있을 수 없습니다. 나는 여러분에게 노고와 피와 땀과 눈물밖에는 아무 것도 드릴 것이 없습니다."

그로부터 2주일 후, 처칠은 그의 나라를 쇠기둥처럼 단단하게 굳힐 수 있는 고무적인 말을 했다.

"유럽에 있는 많은 국가들의 영토가 게스타포Gestapo : 나치스 독일의 비밀국가경찰의 손아귀에 들어가고 있고, 또 들어가게 될지라도 우리는 결코 후퇴하거나 패하지 않을 것이며, 우리는 끝까지 전진할 것입니다. 우리는 프랑스에서 싸우고, 바다에서 싸우고, 또 공중에서 싸울 것입니다. 어떠한 희생을 치르더라도 우리는 우리의 영토를 방어할 것입니다. 우리는 결코 굴복하지 않을 것입니다."

또 2주 후, 처칠은 다시 한 번 하원에서 다음과 같은 연설을 했다.

"그러므로 우리 모두, 우리에게 주어진 의무에 충실하여 견디어 나갑시다. 대영제국과 그 연방이 일천 년 동안 지속된다면 사람들은 '지금이 그들의 가장 귀한 시간이었다'고 말할 것입니다."

그렇다. 최악의 순간을 최선의 기회로 변화시켜 승리로 이끌 수 있는 길은 오직 굳건한 마음가짐뿐이다. 그것 없이는 힘든 순간을 극복하기가 힘들다. 역경에 처했을 때 어떤 사람은 그 역경으로부터 도망치려고 하는가 하면 어떤 사람은 그 역경에 정면으로 도전장을 내민다. 결코 포기할 수 없는 열망에 사로잡힌 나머지 그것을 외면할 수 없기 때문이다.

당신이 이 세상을 살아가다 보면 이러한 최악의 순간을 만나지 않으리라는 보장이 없다. 그런 때 그러한 역경에 굴복하게 되면 정말 인생에서 패배자가 될 수밖에 없다.

1800년대 독일의 철혈鐵血재상 비스마르크는 남에게 의뢰하는 것도 남에게서 의뢰 받는 것도 철저하게 배격했던 사람이었다. 젊은 시절 그는 어느 친구와 사냥을 간 적이 있었다. 그런데 친구가 발을 헛디뎌 수렁에 빠져서는 "살려 달라."고 아우성을 쳤다. 친구의 몸이 서서히 수렁 속으로 가라앉기 시작했다. 그것을 본 비스마르크는 얼른 달려가서 그의 머리에다가 총구를 겨누며 말했다.

"자네를 구하기 위해 그곳에 들어갔다가는 나까지 빠져 죽을 수 있네. 그렇다고 해서 그냥 죽기 전에 괜한 고생만 하게 될 것이네. 이는 친구로 서의 도리가 아닐 터이니 내가 자네의 고생을 덜어 주겠네. 저승에 가서도 우리의 우정을 잊지 말게나."

그러고는 비스마르크가 방아쇠를 당기려고 했다. 그것을 본 친구는 너무 도 당황스럽고 괘씸한 나머지 그곳을 빠져 나오기 위해 사력을 다해 수렁을 헤쳐 나왔다. 그러고는 눈에 독기를 품으며 거세게 항의하는 친구에게 비스마르크가 말했다.

"내 총은 자네의 머리를 겨냥한 것이 아니라 자네의 마음을 겨냥한 것 이었네."

다가오는 고통이나 비애를 막을 길은 없지만 그것을 헤쳐 나갈 힘은 우 리에게 주어져 있다. 아무리 지독한 슬픔이나 고통도 평생을 두고 지속되 지는 않는다. 그것들이 우리를 업어 가든지 아니면 우리가 그것들에 의해 단련되게 마련이다.

힘을 주면 근육에서 힘이 솟아나듯이 우리의 정신에도 힘을 주어야 한다. 옛 성인들은 그런 힘을 얻어내기 위해 일부러 고행의 길을 택하기도 했다.

무엇인가를 얻으려면 먼저 그만한 대가를 치러야만 한다. 농부는 가을 수확을 위해 봄이나 여름에 씨앗을 뿌려야 하고 수확 전까지 많은 양의 노동을 투자해야 하며, 내일의 사장이 될 오늘의 중간관리자는 많은 노력을 투자해야 하고, 내일의 챔피언이 될 운동선수는 피나는 훈련을 투자하지 않으면 안 된다.

PART 07

성공하는 직장인은 이것이 다르다

일에 대한 사고방식이 성패를 좌우한다

일본 소프트뱅크의 부회장이자 한학자인 기타오 요시타카라는 사람은 일에 대해 "세상에서 가장 즐겁고 행복한 것이 바로 평생 지속할 수 있는 일을 갖는 것이고, 세상에서 가장 외로운 사람은 일이 없는 사람이다."라고 말했다.

일은 생존의 수단, 즉 밥이다. 사는 동안 일을 해야 하는 것이 인간의 숙명이라면 기왕 일할 바에는 '내가 정말 미치도록 좋아하는 일' 즉 나만의 천직을 찾아 일한다면 정말 만족스럽고 행복한 삶을 살 것이다.

당신이 어떠한 직종에서 일하게 되든 간에 그곳에는 반드시 크게 성공하는 사람이 있는가 하면 그렇지 못한 사람도 있을 것이다. 당신의 직업이 당신의 성공이나 실패를 결정하는 것이 아니다. 그 직장에 대한 당신의 '사고방식'이 성패를 좌우하는 것이다. 많은 사람들이 평생 같은 수준에 머물러 있을 수밖에 없는 이유는 일에 대한 그들의 잘못된 사고방식 때문이라는 점을 기억하자.

어느 광고회사의 대리점 간부는 이렇게 말했다.

"신입사원을 채용하면 저희 회사는 우선 그들에게 잔심부름을 시킵니다. 그것이 신입사원을 훈련시키는 것으로는 최상이라고 생각합니다. 물론 이 정도의 일을 하는 데 대학 교육이 필요하다고 생각하는 것은 아닙니다. 우리의 목적은 신입사원들에게 될 수 있는 대로 대리점의 일을 하는 데 필요한 여러 가지 일을 많이 경험시켜 보는 데 있지요. 그런데 신입사원들에게 그러한 이유를 자세히 설명해 주어도 개중에는 그것을 하찮게 여기는 사람들이 있습니다. 이런 때 저희는 그 사람을 다시 보게 됩니다. 만약 이렇게 잔심부름이 중요한 일로 연결되는 첫걸음이라는 것을 깨닫지 못하는 사람이라면 우리는 그를 가망성이 없는 사람으로 취급합니다."

이 간부는 '장래 그에게 특정한 일을 주었을 때 그가 어떻게 일해 나갈까'를 보려는 것이다. 자기에게 주어진 일을 중요하게 생각하는 사람은 '그 일을 보다 잘하려면 어떻게 하면 좋을까?'를 생각한다. 그리고 보다 좋은 일을 하는 사람은 보다 좋은 성과, 보다 높은 승진, 보다 많은 돈, 보다 많은 행복을 받게 된다. 당신의 겉모습과 마찬가지로 당신의 일에 대한 사고방식은 당신에 대해 많은 것을 말해 준다는 사실을 잊지 말아야 한다.

만일 당신이 마음속으로 '나는 지금 하찮은 일을 하고 있다', '나는 이류 인물이다'라고 생각한다면 당신은 결코 그 영역을 벗어날 수 없다. 따라서 '나는 지금 대단히 중요한 일을 하고 있다'라고 마음을 바꿔 먹도록 하자. '나는 필요한 것을 찾고 있다', '나는 일류의 인물이다', '나의 일은 중요하다' 이렇게 생각할 때 당신은 정말 그런 사람이 되고, 그 결과 성공에 이를 수 있게 되는 것이다.

진심으로 자신의 천직을 찾고 싶다면 우선 주어진 일을 순수하게 받아들이도록 하자. 그리고 열성과 강한 의지를 가지고 집중적으로 몰입하여 그 일을 지속하겠다는 각오를 다지자. 자신감이 없는 것보다는 지나친 쪽이 훨씬 낫다.

비유가 좀 그렇지만, 우리는 도둑에게서도 다음의 일곱 가지를 배울 수 있다.

첫째, 밤늦도록 일한다.

둘째, 자신이 목표한 일을 하룻밤에 끝내지 못하면 다음날 밤에 또다시 도전한다.

셋째, 함께 일하는 동료의 모든 행동을 자기 자신의 일처럼 생각한다.

넷째, 적은 소득에도 목숨을 건다.

다섯째, 아주 값진 물건도 집착하지 않고 몇 푼의 돈과 바꿀 줄 안다.

여섯째, 시련과 위기를 견뎌 낸다.

일곱째, 자신이 하는 일에 최선을 다하며, 지금 자신이 무슨 일을 하고 있는가를 잘 안다.

우스갯소리지만 내용 하나하나를 보면 결코 웃을 일만도 아닌, 구구절절이 옳은 말들이다.

당신의 사고방식을 고도화시키면 당신의 행동도 고도화된다. 그러므로 자기의 사고방식이 과연 참된 자기를 지향하는 데 있어서 적합한지 어떤지를 이따금 검토해 보는 것이 중요하다.

자신에게 이렇게 물어보자.

"이런 일로 고민하는 것은 나에게 정말 적합한 일인가?"

"나는 자존심을 갖고 있는 사람같이 보이는가?"

"나는 성공할 사람에게 어울리는 말을 쓰고 있는가?"

"이만한 일로 내가 흥분해도 되는 것일까?"

"이것은 나에게 어울리는 농담인가?"

"지금 내가 하는 일은 남에게 내세울 만한 일인가?"

이와 같이 자기 행동 하나하나를 주의 깊게 체크해 봄으로써 당신의 행동은 상당히 고도화될 것이다. 성공으로 가는 데 있어서 말 한 마디, 행동 하나하나는 더없이 중요하다는 사실을 잊지 말아야 한다.

즐거운 마음으로 일하면 능력이 갑절로 솟구친다

어느 현자는 "성공적인 가정은 일을 아버지로 삼고 성실을 어머니로 여기며 삶을 산다."고 말했다. 이처럼 노동과 성실을 부모처럼 여기며 사는 가정이야말로 인생의 성공을 눈앞에 두고 있는 가정이라고 말할 수 있다.

다음은 예전에 필자가 어느 책에서 본 내용이다.

· 일은 모든 사업의 기초이며, 번영의 근원이며, 천재의 부모이다.

· 일은 저축의 상징이며, 모든 행운의 기초를 만든다.

· 일은 생활에 맛을 부여하는 소금이지만 일에 대한 대가나 결과를 기대하기 전에 우리로부터 사랑을 받아야만 한다.

· 일을 사랑할 때 그것은 인생을 달콤하고 가치 있게 해주며 풍성한 수확을 거두게 해준다.

· 일은 성공의 고속도로를 달리기 위해 우리가 지불해야 하는 대가이다.

월 로저스라는 사람은 이렇게 말했다.

"성공하려면 당신이 하고 있는 일에 대해 철저히 알아야 하며, 그 일을 좋아해야 하며, 그 일을 절대적으로 믿어야 한다."

미국의 H.M. 그린버그라는 사람이 18만 명 이상의 종업원을 대상으로 한 심리학적 평가에 따르면, 그 종업원들 가운데 거의 80퍼센트나 되는 사람들이 마지못해서 직장에 다니고 있다고 한다.

그들은 자신들이 하고 있는 일을 좋아하지 않고 있었던 것이다. 그야말로 비극이 아닐 수 없다. 생각해 보자. 이런 상태에서 어떻게 자기가 맡은 일을 제대로 해낼 수 있으며 창의력 같은 것이 생길 수 있겠는가?

굳이 이러한 통계가 아니더라도 주위 사람들에 한번 물어보자. "당신의 직업에 대해 과연 얼마만큼이나 만족하고 있느냐."고. 그러면 실로 많은 사람들이 자신의 일에 대해 부정적으로 대답하는 것을 보고 당신은 놀라게 될 것이다.

그러나 정상頂上으로 향하는 사람들의 경우 대부분 자신의 일에 대해 '성공으로 가기 위한 대가'라고 생각하지 않고 '진실로 그 일이 좋기 때문에' 열심히 일하고 있다.

어떤 분야에서든 정상에 있는 사람들을 보면 자신들이 하는 일에 깊이 파묻혀 있다. 그 결과로 성공은 자연스레 보너스처럼 얻어지는 것이다. 그들은 자신이 하는 일을 '어려움'으로 여기지 않고 '즐거움'으로 여긴다. 따라서 일하는 시간이 즐겁기만 하다. 즉 그들은 자신들의 직업을 짜증스러운 것에서 순수한 즐거움으로 변화시킬 수 있는 자세를 지니고 있는 것이다.

어떤 일이든지 열심히 노력하는 사람보다 '좋아서 하는 사람', '하고 싶은 마음에 견딜 수 없어서' 하는 사람이 더 잘하는 법이다.

이처럼 성공을 위해서는 그 과정을 즐기는 자세가 매우 중요하다.

나는 확신한다. 만일 노름꾼들이 올바른 직업을 갖고 노름에 빠지듯이 그렇게 즐거운 마음으로 깊이 자기 일에 빠진다면 노름판에서 결코 만족할 수 없는 그 이상의 성공을 거둘 수 있게 될 것이라는 사실을.

뿌린 만큼 거둔다

펌프에서 물을 뽑어내려면 처음에 어느 정도의 물을 부어주면서 열심히 펌프질을 해야만 한다. 우리 인생에 있어서도 마찬가지다. 우리가 무엇인가를 얻기 위해서는 어느 정도의 투자를 해야만 한다. 그런데 대개의 경우 직장인들은 이렇게 생각하고 있다.

'봉급을 올려주면 신경 써서 일을 더 잘할 수 있을 텐데, 나를 그 분야의 책임자로 임명해 주면 더 열심히 일할 수 있을 텐데……'

다시 말해 자신에게 얼마간의 보상이 따라야만 자신도 일을 더욱 열심히 하겠다는 것이다.

그러나 인생은 그런 것이 아니다. 인생에서 무엇인가를 얻으려면 먼저 무엇인가를 인생에 투자해야만 한다. 농부는 가을 수확을 위해 봄이나 여름에 씨앗을 뿌려야 하고, 또한 수확 전까지 많은 양의 노동을 투자해야 한다. 학생은 좋은 점수를 얻기 전에 수많은 시간의 노력을 쏟아야 하고, 내일의 사장이 될 오늘의 중간관리자는 많은 노력을 투자해야 하며, 내일의 챔피언이 될 운동선수는 챔피언이라는 보상을 받기 전에 피나는 훈련을 투자하지 않으면 안 된다.

이처럼 무엇을 얻고자 한다면 먼저 이 원리를 이해하지 않으면 안 된다. 이 법칙에 따라 무엇인가를 투자할 때 그에 상당한 대가를 얻게 되는 것이다.

일단 열심히 노력하여 펌프에서 콸콸 물이 쏟아져 나오기 시작하면 그때부터 당신은 계속해서 펌프에 조그마한 힘만 가해 주면 된다. 이것이 인생에 있어서의 성공과 행복이다.

무엇보다도 인내와 지구력을 가지고 그 일을 꾸준히 계속해야 한다. 펌프질을 멈추게 되면 그것으로 끝나게 되지만 멈추지 않고 계속해서 펌프질을 하면 물은 끊임없이 나오게 되어 있다. 이 원리는 마치 자전거의 페달을 멈추면 자전거가 쓰러지는 것과도 같다.

만일 정상에 서고 싶다면 이 펌프 이야기를 결코 잊어서는 안 된다. 당신이 만약 물을 뿜어 올릴 때 마지못해 펌프질을 한다면 당신은 평생토록 힘겨운 펌프질을 하게 될 것이다.

물이 콸콸 쏟아져 나올 때까지 쉬지 말고 열심히 펌프질을 하자. 일단 물이 콸콸 뿜어져 나오기 시작하면 일정한 압력만 가하면 된다.

처음에 기관차를 출발시키려면 엄청난 에너지를 필요로 한다. 그러나 일단 그 기관차가 움직이기 시작하여 속도가 붙기 시작하면 출발할 때보다 훨씬 적은 연료가 들게 된다는 사실을 깨닫는다면 앞으로 당신이 어떻게 인생을 살아가야 할지 판단이 설 것이다.

정열을 바쳐라

당신이 회사로부터 더 많은 급료를 받거나 승진하고 싶다면 당신에게 주어진 시간 동안 주어진 일에만 성실히 임하는 것으로는 부족하다. 나는 지금까지 자신의 봉급만큼만 일하고도 크게 승진을 했다거나 크게 봉급을 인상 받았다는 이야기를 들어본 적이 없다.

사람들은 대부분 자기에게 주어진 근무 시간에만 일하고 그 외의 시간은 흥미 없어 한다. 이는 보수를 받는 것으로 만족하는 '보수형'으로 전체 직장인 중의 약 94퍼센트를 차지하는데, 이런 사람들은 대부분 과장 이상 진급하지 못하고 중도하차한다.

반면 어떤 사람들은 주인의식을 가지고 시키는 일은 물론 시키지 않은 일까지 스스로 찾아서 한다. 이런 '적극형'의 사람들은 전체 직장인 가운데 약 2퍼센트 정도 되는데, 대부분 고급관리자까지 승승장구한다.

그런가 하면 시키는 일마저도 안 하는 사람이 있는데 이들이야말로 조직에서 골칫거리가 아닐 수 없다. 세상은 경쟁의 장임을 명심해야 한다.

이런 경우, 다른 사람과의 경쟁을 포기한 것이나 다름없다. 실제적으로 어떤 경기나 경쟁에서 상대가 자신과의 경쟁을 포기했을 때처럼 그 경쟁에서 승리하기 쉬운 것은 없다.

고용주는 목자가 아니다. 길 잃은 한 마리의 양을 찾기보다 99마리의 양을 돌봐야 하는 중요한 역할을 가진 경영자다. 그런데 우리는 착각하고 있다. 회사생활을 하다 보면 욕심과 슬픔도 있고 업무에 대한 권태감이 오게 마련인데, 이때 사장이 목자처럼 자신을 돌보고 인도해 줄 것이라고 착각한다.

그러나 사장은 절대로 길 잃은 한 마리의 양을 찾지 않을 뿐 아니라 99명의 안전을 위해 냉정히 포기한다. 양들은 목자가 인도하는 풀만 뜯으면 되지만, 그 목자는 눈·비·바람 안전을 생각하며 미래의 더 많은 양들을 먹이기 위해 고독의 독배를 마신다.

따라서 고용주가 당신에게 더 많은 급료를 지불하게 하기 위해서는 당신이 그에게 좀 더 가치 있는 존재가 되어야 한다. 즉 더 많은 열정과 충성심, 더 많은 시간, 더 많은 책임감을 갖고 회사를 위해 일해 주어야 한다. 이렇게 기본적인 것 외에 특별히 추가된 노력을 투자할 때 불경기에는 직장을, 호경기에는 봉급의 인상과 함께 승진을 보장받을 수 있는 것이다.

습관이 인생을 지배한다

습관은 분명 운명은 아니지만 우리를 지배하고 있다. 아침에 일어나서 잠자리에 들 때까지 습관은 우리 생활의 모든 부분을 지배한다. 따라서 습관은 우리에게 주어진 축복이기도 하지만 때로는 그에 못지않게 저주이기도 하다. 습관이 우리 뇌에 자리 잡는 순간부터 우리 행동에 영향을 미치지만 우리는 그런 사실을 인식조차 하지 못하는 경우가 대부분이다.

철학자 아리스토텔레스는 사람의 행동에 대하여 이렇게 말했다.

"사람은 모두 일곱 가지 원인, 곧 기회, 본능, 강제, 습관, 이성, 정열, 희망 중의 한 가지, 또는 그 이상의 것에 의해 행동하게 된다."

다시 말해, 우리로 하여금 행동을 유발하게 하는 것 가운데 하나가 '습관'이라는 것이다.

모든 습관이 반복적인 연습에 의해 강화된다는 것은 누구나 다 알고 있는

사실이다. 즉 어떤 습관을 얻고자 한다면 그것을 자주 그리고 많이 행동으로 옮겨 보아야 한다. 또 반대로, 만일 무언가의 습관을 끊고자 한다면 그것을 더 이상 하지 말아야 한다.

나는 22세가 되어서야 비로소 개구쟁이 생활을 청산하고 책상 앞에 앉아 공부를 시작했다. 그것도 하루에 10~12시간씩이나 꼼짝 앉고 앉아서.

처음부터 그렇게 오랜 시간 동안 끄떡없이 공부할 수 있었던 것은 아니다. 친구들과 놀기 좋아하고 몸을 자주 움직이는 일을 하던 사람이 이렇게 오랜 시간 동안 책상 앞에 앉아서 공부하기란 결코 쉬운 일이 아니었다. 그래서 우선 나는 마음을 독하게 먹고 그런 습관부터 바꾸어야 했다.

또 대단한 애주가요, 미식가로 소문나 있던 내가 요즘에는 진수성찬이 잔뜩 차려진 식탁 앞에 앉아 다른 음식에는 별로 손을 대지 않고 주로 생선이나 채소 요리를 맛있게 먹는다. 건강상의 이유로 부득이 채소만을 먹다 보니 나중에는 소식과 더불어 채식이 즐거운 습관으로 몸에 배이게 된 것이다.

절제되지 않은 생활, 늦게 자고 늦게 일어나고, 운동이라고는 어쩌다 친구들과의 등산이 전부였지만 등산 후에 또 과음, 불규칙적인 식사 등 그야말로 나쁜 습관은 거의 다 갖고 있었다. 그러던 내가 이제는 규칙적인 생활과 식사를 하고, 아침저녁으로 동네 한 바퀴 걷기 운동을 습관화하고 있다.

좋은 습관과 나쁜 습관의 차이는 하늘과 땅 차이가 나는 것 같다. 그 결과 텅 비어 있던 내 머릿속은 점차 지식으로 하나씩 채워지기 시작했고, 가난은 부유함으로, 빈약하던 몸은 건강한 몸으로 변해 가기 시작했다.

우리가 매일 반복하는 행동들이 각자 나름대로 신중하게 생각하고 내린 결정의 결과로 여기겠지만 실제로는 그렇지 않다. 이런 대부분의 선택은 하나의 습관에 의한 것이다. 우리가 가지고 있는 습관 중에는 좋은 것도 있겠지만 좋지 않은, 당장 버려야 하는 습관도 있다.

그럼 어떻게 하면 습관을 버리거나 고칠 수 있을까? 우선 습관을 항구적으로 바꾸기 위해서는 "나는 변할 수 있다."는 확고한 믿음이 필요하다.

스피노자는 이렇게 말하고 있다.

"자신은 할 수 없다고 생각하고 있는 동안은 그것을 하기 싫다고 다짐하고 있는 것이다. 그러므로 그것은 실행되지 않는 것이다."

인생에서 당신이 원하는 것은 무엇인가?

그것을 얻고자 한다면 우선 그것을 방해하는 당신의 나쁜 습관부터 바꾸도록 하자. 습관을 당장에 변화시키기는 쉽지 않을 것이다. 습관을 바꾸는 데에는 오랜 시간이 걸릴 것이고, 실패 또한 반복되어야 할 것이다. 하지만 분명한 것은 우리가 습관을 바꿀 수 있다는 확고한 믿음만 있다면, 그리고 그 습관에 대해 정확하게 알고 있다면 반드시 고칠 수 있다는 것이다.

자, 이제 내가 바꾸거나 버려야 할 습관이 있다면 아래의 글귀를 마음속으로 크게 외치고 과감하게 도전해 보자. 그리고 내 인생을 크게 한번 변화시켜 보자.

사고가 바뀌면 행동이 바뀌고,

행동이 바뀌면 습관이 바뀌고,

습관이 바뀌면 성격이 바뀌고,

성격이 바뀌면 인격이 바뀌고,

인격이 바뀌면 운명이 바뀐다.

적성에 안 맞으면 과감히 직업을 바꿔라

직업은 우리가 걸어가야 할 인생의 무대이다. 그런데 만일 그 직업이 자기의 적성에 안 맞아서 늘 짜증스런 나날을 보낸다면 그야말로 불행한 삶을 산다 하지 않을 수 없다. 하기 싫은 일을 하는 것만큼 힘들고 짜증나는 일은 없기 때문이다. 단지 돈을 벌 목적으로 그런 직업을 갖는다면 돈을 위해 불행한 삶을 선택하는 꼴이 된다.

따라서 도저히 자기의 직업이 적성에 맞지 않는다면 하루라도 빨리 직업을 전환할 필요가 있다. 적성에 안 맞으면 하루하루가 지겹고 짜증날 뿐만 아니라 능률 또한 오르지 않게 되어 그곳에서 성공하기란 쉽지 않기 때문이다.

어느 날 아주 낡고 보잘 것 없는 바이올린 하나가 경매에 붙여졌다. 한 사람이 1실링을 불렀다. 그러자 주위 사람들이 폭소를 터뜨리며 그 값으로 그에게 주라고 입을 모았다.

경매인은 혹시나 하는 생각으로 말했다.

"누가 이 바이올린으로 한번 연주해 보시지 않겠습니까?"

잠시 방안 침묵이 흐른 뒤에 한 노인이 앞으로 걸어 나왔다. 그 노인은 바이올린을 턱에 괴고 몇 번 활을 시험해 음을 맞추고 나서 그 낡은 악기를 연주하기 시작했다.

순간, 주위 사람들은 모두 그 절묘한 선율에 매혹되었고 연주가 끝나자 연주자에게 우레와도 같은 박수갈채를 보냈다.

경매인은 다시 바이올린을 들어 올리며 값을 물었다.

"5파운드."

"10파운드."

결국 그 바이올린은 '100파운드'로 낙찰되었다.

낡은 바이올린이 대가에 의해 명품으로 바뀌었던 것이다.

사람도 마찬가지다. 자신에게 맞는 일을 만나게 되면 최고의 가치를 발휘할 수 있는 것이다.

당신이 직장을 선택해야 할 때 우선적으로 생각해야 할 것은 그 직업이 당신의 적성에 맞는지 여부이다. 그런데 나름대로 심사숙고하여 직업을 택했는데도 막상 그 직업에 뛰어들고 보니 당신의 적성과는 거리가 멀다고 판단되면 다시 한 번 고려할 필요가 있다. 적성에 맞지 않는 곳에서는 그만큼 성공을 기대하기가 어렵기 때문이다.

대화는 단순히 자신의 의사표현이나 의사전달 수단만이 아니라 상대방의
대화 수준에 따라 그 사람의 의식이나 지식수준 또는 사람 됨됨이 등을
평가할 수도 있다. 그럼에도 우리나라 사람들은 대체적으로 회화나
좌담에 서툰 편이다. 따라서 상호의 대화를 원만하게 진행하려면 회화
의 기법이 능숙해지지 않으면 안 된다.

PART **08**

성공하는 사람은 화술이 다르다

어떻게 하면 말을 잘할 수 있을까?

　말을 유창하게 하는 사람을 보면 부러운 일이 아닐 수 없다. 당신도 그런 사람이 되고 싶다면 우선 언어 구사력을 기르기 위해 책을 많이 읽거나 자신의 생각을 문장으로 정리하는 훈련을 하는 등 모든 신경을 기울여야 한다.

1) 책에서 좋은 표현을 얻어라

　언어 구사력을 기르기 위해 책을 읽을 때는 우선 문체나 말씨의 사용법을 눈여겨볼 일이다. 어떻게 하면 좀 더 좋은 표현이 되는가, 똑같은 의미를 지닌 글을 읽더라도 저자에 따라서 표현 방법이 어떻게 다른가, 똑같은 내용의 글이라도 표현이 다르면 얼마나 인상이 달라지는가를 관찰하면서 읽으면 좋다. 또 아무리 훌륭한 내용이라 할지라도 어휘구사나 문장, 문체 등이 엉성하면 얼마나 흥이 깨어지는가를 잘 관찰해 두면 좋다.

2) 말은 바르게 사용하고 발음은 명확하게 하라

듣는 이의 마음을 사로잡는 훌륭한 성우들이나 연설가들이 어떤 식으로 말하고 있는지 유심히 관찰해 본 적이 있는가? 그렇다면 당신은 그들이 발음을 명확하게 하고 말을 정확하게 한다는 사실을 발견했을 것이다.

이처럼 당신이 명확한 발음과 정확한 말을 하고 싶다면 날마다 30분씩만 큰소리로 책을 낭독하면 효과를 볼 수 있다. 책을 읽을 때는 입을 크게 벌려서 한 마디 한 마디 분명히 발음하고, 조금이라도 속도가 빠르거나 말씨가 명확하지 못하다고 생각되면 그때그때 시정할 일이다.

이렇게 연습할 때에는 자신이 말한 것을 녹음기에 녹음해 두었다가 다시 들어보는 것이 좋다. 그래서 발음이 좋지 못한 부분이 있으면 그 부분을 완벽하게 발음할 수 있을 때까지 몇 번이든 반복해서 연습해야 한다.

3) 자신의 생각을 문장으로 정리하는 습관을 들이자

사회적인 문제를 몇 가지 택하여 이에 대해 제기될 가능성이 있는 찬반 의견을 머릿속에서 생각하고 논쟁을 상정하여 보자. 논쟁을 될 수 있는 대로 품위 있고 아름다운 문장으로 고쳐 보는 것도 좋은 공부가 된다.

글을 쓰면 그냥 말하는 것과는 달라서 자신이 생각한 바를 논리 정연하게 정리하게 된다. 자신의 생각을 정리하는 과정에서 진실성이 결여되어 있거나 부정확한 걸 정확한 양 거짓으로 꾸며 글로 나타내기란 좀처럼 마음에 내키지 않는 일이다.

글이란 평소에 별 생각 없이 내뱉는 '말'과는 질적으로 다르다. 따라서 당신의 습관적으로 굳어버린 사고와 어투를 바꾸려면 자신이 직접 글을 써 보는 것이 좋다. 필자의 경험에 비추어 볼 때 자신의 사고를 정리하는

데 있어 글을 쓰는 것보다 더 좋은 것은 없다고 생각한다.

4) 시로 은유를 익히자

은유는 이미지를 통해 본질을 꿰뚫어보는 힘이다.

기원전 6세기 그리스 여류시인 사포는 '사냥'을 이렇게 묘사했다.

"다시 사랑이 온다. 사지를 부수고 고문하는 달콤하고 고통스러운 그는 내가 이길 수 없는 괴물이다."

스토아학파 철학자 에익테로스는 욕망의 핵심을 은유로 드러내기도 했다.

"입구가 좁은 병에 팔을 집어넣고 과일을 가득 쥔 아이를 생각해 보라. 이 아이는 팔을 빼지 못해서 울게 될 것이다. 과일을 버리면 손을 다시 뺄 수 있다. 욕망도 이와 같다."

이처럼 차원 높은 사고와 언어의 바탕에는 반드시 은유가 있다. 플라톤, 아리스토텔레스, 다윈, 애덤스미스 등 모든 사상의 대가들은 은유를 통해 자신의 생각을 한눈에 보여준다.

은유는 천재들의 도구다. 우리가 은유를 익히는 가장 중요한 방법은 시를 읽는 것이다. 시는 은유의 보물창고다. 한국의 명시, 세계의 명시 같은 시집을 하루에 5분만 읽자. 낭송하거나 외우면 더 좋다. 시 한 수는 삶과 자연을 노래하고 인생을 향기롭게 만든다. 표현력이 강하고 창의적인 뇌가 된다.

5) 명연설에는 왕도가 없다.

명연설가가 되고 싶다면 링컨, 케네디, 오바마 등과 같은 웅변가들의 명연설을 모은 책을 구입하여 소리 내어 읽어라. 베껴 쓰는 것도 좋다. 이런 문장을 외우면 수사학 뉴런 네트워크가 형성된다. 상대를 설득할 수 있는 뇌도 발전한다.

에머슨은 열정 없이 이루어진 위대한 일은 없다고 했다. 정열, 느낌, 영혼, 감정적인 진실성을 당신의 연설문에 담아라. 미국의 링컨 대통령은 연설하기 전 원고를 수십 번 이상 다듬고 50번 이상 스피치 연습을 했다고 한다. 명연설에는 왕도가 없다. 수많은 반복과 끈기 있는 연습만이 있을 뿐이다.

세련된 대화의 기법

우리 속담에 '세 치의 혀가 다섯 자의 사람을 죽이기도 하고 살리기도 한다'라는 말이 있다. 이는 우리가 일상생활에서 끊임없이 사용하는 말이 얼마나 중요한가를 말해 주고 있다.

대화의 사전적 의미는 '마주앉아 이야기하는 것', '회화', '대담'이다. 즉 대화는 두 사람 이상이 서로 상대하여 행하여지는 말로서 이야기하는 쪽이 듣는 편도 되고 듣는 쪽이 이야기하는 편도 될 수 있다.

대화는 단순히 자신의 의사표현이나 의사전달 수단만이 아니라 상대방의 대화 수준에 따라 그 사람의 의식이나 지식수준 또는 사람 됨됨이 등을 평가할 수도 있다.

상호간의 대화가 잘 진행되고 안 되고는 이야기를 하는 사람이나 듣는 사람 모두에게 책임이 따른다. 따라서 이야기를 능숙하게 잘하는 것만이 아니라 상대방의 이야기를 듣는 데에도 익숙하지 않으면 안 된다. 경우에 따라서는 화제를 적절하게 이끌어내기도 하고, 적절하게 대화 중간중간에 유머를 곁들여서 전체의 분위기를 부드럽게 만드는 것도 중요하다.

우리나라 사람은 대체적으로 회화나 좌담에 서툰 편이다. 그것은 평소에 화제를 풍부하게 해두는 준비성이 부족하고, 쌍방이 적극적으로 이야기를 진행해 나가고자 하는 노력이 결여되어 있으며, 상대방의 반응에 따라 이야기를 바꾸는 데에도 둔감하고, 상대방의 입장이나 기분을 살펴 이야기의 상태를 바꾸는 힘이 부족하기 때문이다. 따라서 상호의 대화를 원만하게 진행하려면 회화의 기법이 능숙해지지 않으면 안 된다.

상호간의 스피치를 두 가지로 대별한다면, 주고받는 이야기의 내용이 '대립'적인 경우와 '협조'적인 경우를 들 수 있다. 협조적인 경우는 상대방의 말에 힘을 실어 주어 동지적인 입장에서 따스한 분위기를 만들어 가는 반면, 대립적인 경우는 서로 상대방의 말을 궁지에 몰아넣어 꼼짝 못하게 하는 것이 특징이다. 사고방식이나 입장, 이해관계 등이 서로 얽혀 있을 때 상대방을 굴복시켜 자기의 의견에 승복하도록 만드는 것이다.

이런 때 의논이라든가 논쟁이라는 대화의 기법에 익숙하지 않으면 무조건 자기 의견은 옳고 상대방의 의견은 그르다는 식의 이야기가 되어 버려 좀처럼 대화의 진행이 어렵게 된다.

이렇게 되면 상대방을 승복시키기보다는 상대방으로 하여금 자기의 의견에 반대하지 못하게 하는 데에만 힘쓰고 이쪽 의견에 적극적으로 지지할 근거를 마련해 주지 못하기 때문에 설령 그 토론에서 이긴다 하더라도 상대가 자신의 의견에 찬성하기란 어렵게 된다.

이처럼 언어의 표현이란 정말로 무궁무진해서 똑같은 내용이라 할지라도 그것을 어떤 목소리로 어떻게 표현하느냐에 따라 그 맛이 달라진다. 차분하고 진지하게 표현하면 설득형이 되고, 서둘러서 둘러치면 거짓으로 들리며, 유머를 섞어가며 웃음으로써 표현하면 서로의 마음을 열어주어 대화가 부드럽게 진행되기도 한다.

그럼 어떻게 하면 세련된 대화를 할 수 있을까?

첫째, 듣기에 명수가 되자

사람들은 선천적으로 이야기하기를 즐기지만 듣기에는 그렇게 관심이 없는 편이다. 자신이 이야기를 함으로써 상대방으로부터 협조와 동의를 구하려고 하면서도 듣는 것으로써 상대를 만족시킬 수 있다고는 생각하지 않는 경향이 짙은 것이다.

대화의 목적은 이해되고자 하는 인간의 속성을 만족시키는 수단이다. 그러므로 말하는 사람의 속성을 만족시키면 상대로부터 호감을 얻기가 쉽다. 그것을 만족시키는 방법으로 '듣기'의 중요성이 대두된다는 것이다.

누구든지 듣기를 별로 좋아하지 않는데, 이는 상대방의 이야기가 흥미롭지 못하다는 데에도 이유가 있지만 듣는다는 것은 자기 자신을 수동적인 입장에 놓이게 하는 것이기 때문이다. 자신의 이야기를 상대방이 들어준다는 것은 자신이 상대와의 대화에서 주인공이 된다는 것을 의미하기 때문에 사람들은 그렇게 본능적으로 '듣기'보다는 '말하기'를 좋아하는 것이다.

그러나 상대방의 말을 들어준다는 것은 매우 중요하다. 사람은 자신의 이야기를 잘 들어주는 사람에게 호감을 느끼게 되어 있다. 따라서 이 원칙에 충실하면 상대방의 말을 듣는 쪽이 말하는 쪽 이상으로 대화에서 이득을 얻을 수 있다.

유머는 사람의 감정을 부드럽게 해주고 특히 긴장과 경계심을 완화시켜 새로운 주의력을 이끌어 주는 힘이 있다. 따라서 적절하고 알맞은 유머는 '주제와 관련이 있고', '시기가 맞아야 하며', '누가 들어도 불쾌감을 주지 않는 것'이라야 한다.

그리고 유머는 한번 웃기고 오랫동안 침묵을 지키게 하는 것보다는 잔잔한 미소가 끊임없이 떠오르게 하는 것이 좋다. 따라서 평소에 유머 책 몇 권쯤은 읽어 두었다가 적재적소에 사용하면 좋을 것이다.

칼라일은 유머에 대해 이렇게 말했다.

> "진실된 유머는 머리에서 나온다기보다는 마음에서 우러나오는 것이다. 말의 노예가 되지 말라. 다른 사람과의 언쟁에서 화를 내기 시작하면 그것은 자기를 정당화시키기 위한 언쟁이 되고 만다. 따라서 다른 사람과 언쟁이 일어났을 경우에는 유머를 최대한 활용함으로써 언쟁의 요소를 둔화시켜라."

웃음과 유머는 우리의 삶을 원만하게 해주는 기름과 같아서 아름다운 인생을 만들어 주고 원수까지 용서해 줄 너그러운 마음을 심어 준다.

상대방이 욕구불만 상태에서 당신과 대화하기를 꺼린다거나 대화 분위기를 깨뜨리려고 한다면 유머의 힘을 빌려 보자. 유머에서 나오는 웃음이야말로 원만한 대화 소통을 위한 윤활유 구실을 하기 때문에 이런 때 사용하면 효과를 볼 수 있다.

화제의 선택

첫째, 목적에 맞는 화제

화제를 선택함에 있어서 가장 중요한 것은 목적에 맞는 화제를 선택하는 일이다. 목적에 맞지 않는 화제는 제아무리 내용이 좋다 할지라도 겉옷을 요구하는 사람에게 속옷을 갖다 주는 것과 같기 때문이다. 따라서 누군가와 대화를 하게 될 때는 대화의 목적에 알맞은 내용의 화제를 선택하도록 노력해야 한다.

둘째, 구체적인 화제를 선택하자

추상적이거나 애매모호한 화제는 듣는 사람의 이해를 둔화시킬 뿐만 아니라 흥미도 끌지 못한다. 따라서 구체적이고 명확한 화제 선택이야말로 대화를 성공시키기 위한 아주 효과적인 방법이다.

셋째, 일상생활에 익숙한 화제를 선택하자

일상생활에서 항상 보고 듣는 이야기가 화제로 등장하면 사람들은 친숙감을 느끼게 마련이다. 더구나 그 이야기가 듣는 사람 자신과 관계되는 이야기라면 더욱 관심을 갖게 될 것이다.

넷째, 시사성이 있는 화제를 선택하자

사람은 누구나 새로운 사건, 새로운 변화에 대해서는 관심이 높은 법이다. 따라서 대화를 이끌어 가는 사람은 진부하거나 구태의연한 이야기보다는 새로운 문제를 화제로 선택하는 것이 좋다. 그런데 계속적으로 케케묵은 이야기만 꺼낸다든가 하면 대화는 지루하게 느껴져서 흥미를 잃게 된다. 새로운 화제, 진기한 화제가 차례차례 튀어나올 때 상대방은 그 대화에 흥미를 갖게 되는 것이다.

다섯째, 상대방의 욕망에 초점을 맞추자

우리 인간은 끝없는 욕망을 따르며 세상을 살아가고 있다. 욕망을 채우는 일이라면 물불을 안 가릴 정도이다. 따라서 듣는 사람의 욕망이 무엇인가를 알고 그것에 최대한 초점을 맞춘다면 대화는 순조롭게 진행될 수 있다.

여섯째, 스릴 있는 화제를 선택하자

사람은 일상적으로 일어나는 평범한 일에는 별로 흥미를 느끼지 못하는 법이다. 무엇인가 아슬아슬하고 스릴 있는 변화가 손에 땀을 쥐게 하며 흥미를 돋운다. 첩보영화나 탐정소설 등에 사람들의 관심이 쏠리는 이유도 바로 여기에 있다. 따라서 일상적인 화제보다는 스릴 있는 화제를 선택하는 것이 듣는 사람의 주의와 흥미를 끌 수 있다는 사실을 기억하자.

일곱째, 경험적인 화제를 선택하자

몇 년 전부터 KBS 〈강연 100℃〉에 평범한 사람들이 강연하는 데도 시청률이 높은 것은 자신이 겪은 어려움, 좌절, 희망, 도전, 승리의 경험들을 진솔하게 피력하기 때문이다. 이처럼 자신이 경험했던 사실을 화제로 선택하면 듣는 이에게 실감과 신뢰를 심어 줄 수 있다. 특히 자신만이 경험한 독특한 이야기는 다른 사람에게 생생한 교훈이 되기 때문에 흥미와 관심을 유발시킬 수 있다.

여덟째, 실현성 있는 화제를 선택하자

제아무리 좋은 화제라 할지라도 실현성이 없는 것이라면 탁상공론에 불과하다. 그러므로 비록 쉽지는 않더라도 노력을 기울이면 반드시 실현될 수 있는 그런 화제를 선택하는 것이 좋다.

아홉째, 의견대립을 가져올 수 있는 화제는 피하자

여러 계층이 모인 자리에서는 되도록 의견대립을 가져올 수 있는 화제, 즉 지역 갈등을 조장하는 정치 이야기나 남의 종교에 대한 험담 등은 피하는 것이 좋다. 이런 이야기들은 화기애애한 자리를 일시에 험악한 분위기로 몰고 갈 수도 있기 때문이다. 만일 우연찮게 이런 이야기가 나와서 논쟁이 고조될 듯싶으면 적당히 얼버무리고 얼른 그 이야기의 종지부를 찍는 것이 좋다.

열 번째, 단체 모임에서는 공통적인 관심거리를 화제로 올리자

단체 회합에서 몇몇 사람만 흥미를 느끼고 나머지 사람들은 전혀 흥미도 관심도 없는 이야기를 해대는 사람이 있는데 이는 바람직한 것이 못된다. 이런 때는 자연스럽게 말을 돌려 공통적으로 관심을 가질 만한 것으로 화제를 바꾸는 것이 좋다.

열한 번째, 때와 장소에 어울리는 화제를 올리자

결혼식장이나 돌잔치 집에 참석하여 다른 사람의 사망·사고 등과 같은 이야기를 한다거나 초상집에 가서 크리스마스 파티에 관한 이야기를 하는 사람이 있는데 이는 대단한 실례이므로 피하도록 한다. 화제는 그때그때의 분위기나 장소에 따라 선택해야 한다는 점을 잊지 말자.

열두 번째, 숫자나 통계를 제시하면 확신을 심어줄 수 있다

상대에게 무엇을 설명하고자 할 때 숫자나 통계를 이용하면 그렇지 않은 때보다 훨씬 더 믿음을 심어 줄 수 있다. 그러나 이를 너무 많이 쓰면 오히려 상대에게 부담감을 줄 수 있다는 사실을 잊지 말자.

열세 번째, 이런 때는 화제를 바꾸자

첫째, 대화 도중에 감정적인 발언으로 번질 것 같은 분위기가 되면 얼른 화제를 바꾸도록 한다. 예컨대, 정치·사회·신앙 문제 등에 관계되는 화제의 경우, 참가자의 사상이나 입장이 각기 달라서 대화가 자칫 험악해지거나 감정적인 발언으로 번질 위험성이 있는데 이런 때는 얼른 화제를 바꾸는 것이 좋다.

둘째, 대화에 참가한 사람들이 별로 관심이나 흥미를 갖지 않는 화제라면 바꾸는 것이 좋다.

셋째, 이야기를 진행하다 보면 어느 화제가 아직 끝을 맺지 않은 상태에서 또 다른 화제가 등장하여 엉뚱한 데로 빗나가는 경우가 있는데, 이런 때는 적당한 기회를 보아 앞의 화제로 되돌아가도록 한다. 이는 처음에 그 화제를 꺼낸 사람에 대한 예의이기도 하지만 그 사람에 대해 관심을 갖고 있다는 것을 그에게 암시해 주는 것도 된다.

대화 시에 주의해야 할 점

첫째, 상대방의 눈을 바라보자

상대방이 자신을 향해 열심히 이야기하고 있을 때 상대방의 눈을 응시하지 않고 천장을 쳐다본다거나 창밖을 내다본다거나 물건을 만지작거리는 사람이 있는데, 이러한 산만한 행동은 이야기하는 쪽에서 볼 때 자기의 말에 관심을 두지 않는 것처럼 보여서 매우 불쾌한 일이 아닐 수 없다.

이는 상대방을 모독하고 있는 것이나 다름없다. 누구나 주목할 만한 가치가 있다고 생각하는 사람에게는 마음이 집중되어서 이런 행동을 할 수 없기 때문이다.

또 한 가지, 대화 시에 이야기하는 사람의 눈을 바라보아야 하는 중요한 이유는 그 사람의 감정은 말에서뿐만 아니라 얼굴에 나타나는 표정에서도 읽을 수 있기 때문이다. '상대방의 마음을 읽으려면 귀로 듣고 눈으로 표정을 읽으라'는 말이 있다. 마음에도 없는 것을 입으로 말하기는 쉬워도 표정에 나타내기란 그리 쉬운 일이 아니기 때문이다.

둘째, 식탁에서 불쾌감을 주는 화제는 피하자

식사 도중에 불결한 이야기를 함으로써 상대에게 이맛살을 찌푸리게 하는 일은 피해야 한다. 또 식사에 초대받은 자리에서 "이것은 맛이 있다, 없다." 하면서 음식에 대한 평을 하는 사람이 있는데 이래서는 초대한 사람에 대한 예의가 아니므로 주의할 일이다. 약간 맛이 없어도 맛있게 먹어주는 것이 초대한 사람에 대한 예의라는 점을 잊지 말자.

셋째, 공석에서는 사담을 피하자

공적인 모임에서 개인적인 이야기를 하는 사람이 있는데 이는 공과 사를 구분할 줄 모르는 좋지 않은 습관이다. 공적인 자리에서 자신의 아들 자랑, 집안 자랑 등을 늘어놓는다면 다른 사람으로부터 손가락질 받기가 쉬우므로 피하도록 하자.

넷째, 자기 이야기만 늘어놓지 말자

대화 중에 시간만 나면 자기의 이야기를 화제에 올려놓고 신나게 떠들어대는 사람이 있는데 이는 듣는 사람으로 하여금 지루함을 느끼게 할 수 있으므로 피하도록 한다. 이야기의 흐름과는 무관하게 이야기 도중에 갑자기 자기 이야기를 꺼내어 결국에는 자기 자랑으로 끝내는 사람이 있는데 이것은 예의에 어긋나는 일이다.

그리고 이러한 자기 자랑은 자칫 역효과를 초래하기가 쉽다. 그 이야기를 듣는 사람들이 그 당시에는 "정말 대단하십니다." 하고 거들지 모르지만 뒤에서의 평은 다를 수 있음을 알아야 한다. 자신에 대한 평가는 다른 사람에 의해 되는 것이지 자기의 입에서 나오는 자화자찬에 의한 것이 아니라는 사실을 기억하자.

다섯째, 대화를 독점하지 말자

간혹 여러 사람과의 대화중에 혼자서만 계속 말을 독점하는 사람이 있다. 그런 사람들은 남의 말은 들으려고도 하지 않고, 특히 말수가 적은 사람이나 옆 사람을 붙잡고 작은 목소리로 소곤거리면서 이어나간다. 이는 몹시 예의에 어긋난 짓이 아닐 수 없다. 대화란 공동으로 만들어 나가는 모두의 것이지 자기만의 것이 아니기 때문이다.

여섯째, 지나친 농담과 수다는 자신의 품위를 손상시킨다

다른 사람으로부터 존경을 받기 위해서는 일종의 '위엄'을 몸에 지니고 있어야 한다. 지나치게 수다스럽거나 남을 놀리거나 큰소리로 바보스럽게 웃는다거나 실없는 농담을 자주 하거나 지나치게 간사스런 태도는 위엄 있는 태도가 아니다. 이런 태도를 취해서는 아무리 지식을 풍부하게 갖추고 있는 인격자라도 다른 사람들로부터 존경은커녕 자칫 멸시를 받기 십상이다.

일곱째, 설교나 교훈 식의 이야기는 피하자

나이 차도 별로 나지 않는데 매사에 "자네 그렇게 살아서는 안 되네. 이렇게 해야 옳은 거야." 하면서 사사건건 아랫사람 다루듯이 충고를 해대는 사람이 있는데 이는 상대방의 기분을 상하게 할 수 있으므로 피하도록 한다. 따라서 친구들끼리의 대화에서 충고하고 싶은 이야기가 있으면, "나는 이렇게 생각하는데 자네는 그렇게 생각하지 않는가?" 정도로 하여 상대방으로 하여금 기분이 상하지 않도록 해야 할 것이다. 상대방을 위해서 했던 충고가 받아들여지지 않고 오히려 상대의 기분을 상하게 하는 결과를 초래한다면 차라리 아니함만 못한 것이다.

여덟째, 대화할 때는 주위에 누가 있는지를 확인하자

장애인을 앞에 두고 장애인에 대한 험담을 한다든가 어느 특정 지역이나 정당 또는 특정 종교인 앞에서 그 사람들을 싸잡아 마구 비방하는 사람이 있는데, 이렇게 하면 자칫 싸움으로 번질 우려가 있으므로 조심해야 한다. 하여간 여러 사람이 모인 자리에서 정치 이야기나 종교 이야기는 가능한 한 하지 않는 것이 좋다.

아홉째, 남을 중상하지 말자

다른 사람의 좋지 않은 소문에 대해 귀를 기울이거나 퍼뜨리는 것은 자신을 위해 결코 바람직한 것이 못된다. 그때 당장은 즐거울지 모르지만 그런 짓은 자신에게 아무런 득도 되지 않을뿐더러 오히려 다른 사람들로부터 자신이 더 비난을 받게 된다는 사실을 깨달아야 한다. 같은 자리에서 함께 남의 험담을 했던 사람도 당신을 보고 '저 친구는 본래 남의 말을 잘하는 사람'으로 평가하게 된다는 사실을 깨달아야 한다.

열 번째, 남의 약점을 까발리며 멸시하지 말자

세상에 다른 사람으로부터 멸시를 당해도 좋을 만큼 무가치한 사람은 없다. 물론 세상에는 별의별 사람들이 다 살고 있으므로 그들 가운데는 어리석은 사람도 있고 변변치 못한 사람도 적지 않을 것이다. 그런 사람들을 존경하라고까지는 말하고 싶지 않지만, 그렇다고 해서 그들을 멸시해서는 절대 안 된다. 마음속으로 그런 생각을 가질 수도 있겠지만 쓸데없이 그런 마음을 상대방에게 표출시킬 필요까지는 없는 것이다. 그런 사람들이 언젠가는 당신에게 힘이 되어 줄 수도 있기 때문이다. 그런데 만일 당신이 그런 사람들을 노골적으로 멸시한다면 그는 결코 당신에게 힘이 되어 주지 않을뿐더러 때에 따라서는 당신에게 보복을 가할 수도 있을 것이다.

세상에서 모욕만큼 자존심 상하고 마음에 큰 상처로 남는 것은 없다. 숨겨 두고 싶은 자신의 약점이나 결점이 누군가에 의해 드러나게 된다는 것은 몹시 괴로운 일이 아닐 수 없는 것이다.

열한 번째, 대화 중의 습관적인 거짓말은 자신의 앞날을 망친다

거짓말을 하는 것은 비겁함이나 허영심 또는 상대방에 대한 적의감에서 비롯되는 것으로, 아무리 교묘하게 속인다 하더라도 언젠가는 그것이 탄로 나게 되어 있다.

예컨대 당신이 누군가의 성공에 대해 질투한 나머지 중상모략을 했는데 그것이 탄로 났다고 하자. 그때 가장 큰 상처를 입게 되는 사람은 바로 당신 자신이다. 그 이후로 당신이 아무리 진실을 이야기한다 하더라도 다른 사람의 귀에는 그것이 거짓말로밖에 들리지 않을 것이기 때문이다. 이것은 실로 인생에서 커다란 손실이 아닐 수 없다.

또한 자신의 명예에 손상이 될까 두려운 나머지 자신의 잘못에 대해 변명을 하거나 거짓말을 한다면 그로 인해 언젠가는 자신의 명예를 몇 배나 더 손상당하는 수모를 겪게 될 것이다.

만일 당신이 불행하게도 어떠한 잘못을 저지르게 되었을 때에는 거짓말을 하여 그것을 숨기려 하기보다는 솔직하게 그 잘못을 시인하는 것이 좋다. 그렇게 하는 것이 자신의 잘못에 대해 속죄하는 유일한 방법이며, 또 상대에게 용서를 비는 유일한 방법이기도 하다. 자기 잘못을 감추려 하지 않고 솔직히 시인하며 용서를 구하는 당신의 모습을 보는 순간, 상대는 당신에게 호감을 갖게 될 것이다.

상대방을 설득할 때

이제는 많은 지식보다 상대의 마음을 읽고 설득하는 것이 관계의 성패를 좌우하는 시대다.

유권자를 사로잡지 못하는 후보는 떨어지고 면접에서 심사위원을 만족시키지 못하는 수험생은 탈락한다. 고객과 직원들을 설득하지 못하는 리더는 살아남을 수 없고 가족을 설득하지 못하는 가장은 존경받지 못한다. 권위의 시대가 가고 설득의 시대를 맞은 것이다.

상대방을 설득하려 할 때 그가 당신의 설득에 대해 전적으로 호의적인 반응을 보이게 될 것이라는 예측은 위험스럽기 짝이 없는 생각이다. 생각보다 설득에는 많은 장해가 따른다. 인간은 본래 타인의 존재나 사상에 대해 배타적일 뿐만 아니라 자기의 자아에 다른 사람의 주의와 사상이 유입되는 것을 의식적으로 거부하는 성향이 있기 때문이다.

따라서 설득하는 중에 장해가 나타나면 우선 그 장해를 이해하려는 태도를 지녀야 한다. 상대가 좀처럼 설득을 받아들이려 하지 않을 때는 우선 그를 건방지다고 생각하기에 앞서 "무척 개성이 강하신 편입니다." 등과 같은 칭찬의 말을 하면 좀 더 좋은 분위기로 대화를 이끌어 갈 수 있다.

누군가를 설득하고자 할 때 결코 정면승부라는 유혹에 사로잡혀서는 안 된다. 설득에는 당연히 장해가 따르게 마련이라는 사실을 염두에 두고 그 장해를 자기에게 유리하게 작용하도록 이용할 일이다.

그리고 사사건건 상대와 시비를 가리려고 하는 태도는 설득은커녕 괜히 역효과만을 초래할 뿐이다. 따라서 설득하는 중에 장해가 나타날 경우에 는 무엇보다도 그런 상황을 이해하려는 태도가 중요하다.

누군가를 설득할 시에는 다음 사항들을 기억해 두자.

첫째, 상대의 심리를 먼저 파악하고 나서 설득하자

아무리 상대가 까다로운 사람이다 할지라도 그 사람의 심리상태를 정확 하게 파악한다면 기적을 일으킬 수 있다.

록펠러는 "누군가가 자기의 의견에 대해 반대했을 때에는 우선 그것이 감정적인 것인지 이성적인 것인지를 파악하는 것이 중요하다."고 말했다. 그것을 파악해 내지 못한다면 좀처럼 상대를 설득시킬 수가 없다는 것이다.

만일 상대가 자신에게 감정적으로 반감을 가지고 있다면 상대에 대한 논리적인 설득은 거의 불가능하다고 봐야 할 것이다. 이럴 때는 논리적인 설득에 앞서서 감정적인 설득을 먼저 해야 한다.

둘째, 우회적인 표현을 한다

직설적인 충고에 대해 상대방이 반박하고 나설 경우 설득은 성공하기

힘들다. 따라서 일단 상대의 기분을 맞춰 준 다음에 당신의 의견에 동조하게 만드는 것이 중요하다. 예컨대, 제삼자의 잘못을 예로 들면서 그에 대한 당신의 견해를 밝히고 상대로 하여금 이를 수긍케 하는 것이다. 그러면 상대방 역시 제삼자의 행동에 대해 나쁘다고 생각하여 당신의 의견에 동감을 표할 것이다. 그렇게 되면 나머지 설득은 시간문제다.

예를 들어 당신이 A라는 사람을 설득하고자 한다면 A와 똑같은 경우에 처해 있는 B를 지적하면서 A에게 이렇게 말하는 것이다.

"저 B라는 친구는 말이야. 자기가 해야 할 일은 안 하고 날마다 저렇게 고스톱에만 빠져 있으니 그 친구의 가족을 위해서라도 자네가 한번 그에게 주의를 주지 않겠나?"

이런 식으로 제삼자의 경우를 대화 속에 끌어들여 간접적으로 A의 심중에 충고와 설득의 화살을 던지는 것이다. 그러면 A는 불쾌감 없이 그것을 고마운 마음으로 받아들이게 될 것이다.

셋째, 상대방의 입장에 선다

사람들은 흔히 상대가 자신의 말에 대해 이론으로 반발하면 이론으로써 그를 설득하려고 하곤 하는데, 사실상 상대에 대한 감정적인 이해가 앞서지 않고는 설득에서 성과를 이루기가 힘들다.

대인관계가 원만치 못한 사람들의 이야기를 종합해 보면 모두들 이론형의 설득만 펼쳤을 뿐 상대의 감정에 호소하는 설득을 하지 못했다는 점이 특징이다. 설득은 감정의 일방통행에 의해 이루어지는 것이 아니라 진지한 마음의 교류에 의해 실현되는 것임을 기억해야 한다.

넷째, 자기의 부족함을 먼저 시인한다

서로의 생각이 달라서 대립이 격화되었을 때는 어떠한 설득도 기대하기가 어렵다. 대립이 격화되었다는 것은 서로의 자존심이 경직되었다는 의미로, 그 손상된 자존심에 대해 어느 정도 보상받을 수 있느냐에 따라서 대립의 완화여부가 결정된다.

이렇게 두 사람의 의견대립이 심히 격화되었을 때는 우선 상대에게 자신의 결점을 내보이며 그것을 먼저 인정하고 나서 상대의 감정에 호소하는 것이 좋다. 예컨대 "나도 사실 나 자신의 이런 점이 못마땅해. 그런데 어쩌면 그렇게 자네도 나하고 닮았나? 자네나 나나 그런 점을 하루빨리 고쳐야 되겠어."라는 식으로 말하면 별 거부감 없이 받아들일 것이다.

다섯째, 상대를 자기의 입장에 세운다

상대를 자기의 입장에 세우는 것은 정신적으로 상대에게 역할연기를 시키는 것이다. 다시 말해 이는 상대에게 자신의 대역을 맡겨 이쪽의 상황을 실감케 하고 심리적으로 부담을 주는 것이다. 예컨대 "저의 입장이 한번 되어 보십시오." 등과 같은 말로 상대에게 자기의 입장을 호소하는 것이다.

"저의 입장이 한번 되어 보십시오."라는 이 한 마디가 주는 힘은 실로 크다. 상대에게 '자기헌신'의 기회를 주며 솔직하게 협조를 바라는 이 말이야말로 설득을 성공으로 이끄는 지름길이라 할 수 있다.

여섯째, 상대에게 동질감을 심어준다

사람들이란 항상 자신을 불행한 존재라고 생각한다. 부자는 부자대로

그 이상의 것을 지니지 못한 것에 대해 늘 불행으로 생각하고 가난한 사람은 가난 그 자체를 불행으로 여기며 살고 있다. 따라서 우리 모두 똑같이 불행한 사람이라는 동질감을 상대에게 심어주면 설득에 효과가 있다. 만일 상대방이 열등감을 느끼는 사람이라면 나 역시 당신의 입장과 동등하다는 것을 강조하면서 설득하면 효과적이다.

일곱째, 상대의 실수를 감싸 준다

타인과의 충돌이나 논쟁을 피하며 사는 사람들이야말로 세상을 현명하고 지혜롭게 사는 사람들이다. 그리고 세상을 살아가다 보면 상대에게 호의적인 반응을 얻어야 될 경우도 있는데, 이런 때는 자신이 상대방보다 못하다는 입장을 강조하면 틀림없이 좋은 결과를 얻을 수 있다.

사람은 가르치지 않는 척하면서 은밀하게 가르쳐야만 배우는 사람이 잘 배우며, 상대방의 무식에 대해 '모른다'고 말하지 않고 '잊어버린' 것으로 간주해야 잘 받아들인다.

세상을 살다 보면 상대의 잘못에 대해 알면서도 모르는 척해야 할 경우도 있고 그 잘못에 대해 공감하는 듯한 화법도 필요하다. 그러면 상대가 그러한 배려에 대해 고마움을 느끼게 되는 것은 당연한 일이다. 그리고 만일 다른 사람의 잘못에 대해 부득이 말해야 될 경우라도 언제나 자신은 상대보다 못하다는 전제를 지키게 되면 상대로부터 호의적인 반응을 얻을 수 있다.

여덟째, 까다로운 상대는 본성에 호소해야 효과적이다.

까다로운 상대를 움직이기 위해서는 내가 먼저 능동적이며 적극적인 자세를 취할 필요가 있다. 까다로운 상대를 만드는 것은 까다로운 상대에게 있는 것이 아니라 바로 그렇게 느끼는 자신에게 있다는 사실을 알아야 한다.

예술이나 창조는 고정관념과 편견을 버려야 하듯이 우리 인간관계에서도 마찬가지다. 까다로운 상대도 얼마든지 친근한 상대, 이해와 사랑을 나눌 수 있는 친구가 될 수 있다. 따라서 미리 주눅이 들어서는 안 된다. 상대도 사람, 나도 사람이라는 생각으로 자신 있게 밀고 나가자.

내가 먼저 호감을 주면 호감은 갑절이 되어 돌아온다. 모든 문제는 내가 상대를 어떻게 생각하느냐에 따라 결과가 득이 될 수도, 실이 될 수도 있다. 내가 긍정적으로 좋게 보면 상대도 그렇게 보고 부정적으로 나쁘게 보면 상대도 그렇게 본다. 인간관계에서는 영원한 적이 없다. 원수 같은 사람도 언젠가는 나를 도와주는 협력자가 되기도 한다.

인간관계에서도 포기하지 않는 목표가 있어야 한다. 아무리 까다로운 사람일지라도 반드시 나의 협력자로 만들고야 말겠다는 확고한 의지가 있는 사람이야말로 진정한 인생의 성공을 이룰 수 있다.

세상에 까다로운 상대는 없다. 까다롭다고 느끼는 사람이 있을 뿐이다. 지혜로운 비즈니스맨에게는 성공만 있다. 사람은 누구나 자기의 존재가치를 인정받으려는 심리가 있다. 이 인정의 심리를 자극하는 것이 비즈니스에서 승리하는 길이다.

자신의 비전을 성취하기 위해서는 우선 주변 사람들의 크고 작은 협력이 절대적으로 필요하다. 다시 말해, 서로 협력과 조화를 이루지 않고 자기 혼자만의 힘으로는 커다란 성공을 이룰 수 없다는 것이다. 따라서 당신도 인생에서 성공하기를 원한다면 주위 사람들과의 인간관계에 각별히 신경 쓰지 않으면 안 된다.

PART 09

인간관계
손자병법

독불장군은 성공할 수 없다

자신의 비전을 성취하기 위해서는 우선 주변 사람들의 협력이 절대적으로 필요하다.

백만장자나 위대한 정치가가 된 사람들의 전기를 읽어보면 모두 다른 사람들의 크고 작은 도움이 있었음을 알 수 있다. 다시 말해, 서로 협력과 조화를 이루지 않고 자기 혼자만의 힘으로는 그처럼 커다란 성공을 이룰 수 없다는 것이다. 따라서 당신도 인생에서 성공하기를 원한다면 주위 사람들과의 인간관계에 각별히 신경 쓰지 않으면 안 된다.

그럼 모 대기업 간부의 말을 한번 들어보자.

"나는 사원을 신규 채용하면 우선적으로 다른 사람의 의견을 물어야 하는 부서로 보냅니다. 그리고 동시에 다른 사람이 그 신입사원에게 의견을 물어야 하는 책임 있는 일을 시켜 보지요.

만일 그가 회사의 쓸모 있는 인물이 될 수 있는 사람이라면 그가 맡은 일이 몇 주일 안 되어 순조롭게 진행될 것입니다. 그리고 만일 그가 겸손하고 친절하며, 주위 사람들과 조화가 잘되고, 타인의 의견을 재빨리 이해할 수 있는 성향이라면 사람들이 금방 그와 친해져서 그에게 의논하며 협력하게 될 것입니다.

그런데 이러한 성향이 없는 사람이라면 사람들은 그와 함께 일하기를 좋아하지 않을 것이고, 그러면 그의 일은 날이 갈수록 적어지게 될 것입니다. 이런 사람이 2, 3주일 후에 나를 찾아와서 "일거리가 없어서 답답하다."고 호소하였다고 합시다. 그럼 나는 그를 장래성이 없다고 판단합니다.

만일 그런 사람에게 일거리를 더 준다 하더라도 그는 머지않아 또다시 일거리가 없게 되어 빈들거리는 상태가 될 것입니다.

따라서 결국 그런 사람에게는 다른 사람들과 상의도 협력도 필요 없는 기계적인 일을 맡긴다든가, 그렇지 않으면 회사를 그만두게 할 수밖에 없지요."

능력 있는 사람들은 자기가 할 일은 스스로 만들어서 하기 때문에 그들에게는 일이 자연스레 모여들게 된다. 한마디로 말해서 그는 일복이 있는 사람이다. 그러면 고용주는 당연히 그의 급료를 높여 주고 그의 밑에 부하 직원을 두지 않으면 안 되겠다고 생각하게 된다. 남이 시키기 전에 당신 스스로가 알아서 일을 만들고 그 일에 충실히 임할 때 당신의 성공은 보장되는 것이다.

모 대기업에서 근무하고 있는 또 다른 한 간부의 말을 들어 보자.

"우리 회사에는 매우 우수한 머리를 가지고 있는 한 기술자가 있었는데 그는 간부들로부터 재능을 높이 평가받고 있음에도 불구하고 좋은 지위도 많은 급료도 받지 못했습니다. 그는 '숨쉬는 기계'에 지나지 않았기 때문이지요.

그는 문제가 발생하면 그것을 해결하려고 깊이 파고드는 성격을 가지고 있었습니다. 그러나 자기의 일에만 몰두할 뿐 그 외의 일은 거들떠보지도 않았지요.

우리는 자기만의 좁은 세계에 갇힌 그를 끄집어내려고 애써 보기도 했지만 그러면 그럴수록 그는 마치 고슴도치처럼 더욱 더 좁은 구멍 속으로 기어들어 갈 뿐이었습니다.

그는 자기의 주위 사람들과 조화를 이루지 못했습니다. 타인과의 관계에 있어서 적당하게 조화를 이룰 능력이 없었기 때문이지요.

그는 자기가 한번 내세운 의견을 상대방이 부정하면 핏대를 올리면서 신경질을 냈습니다. 그러니 그가 한번 의견을 주장하기 시작하면 우리는 그 의견을 도저히 꺾을 수가 없는 것입니다.

결국 우리의 의견이 아무리 좋아도 그의 의견에 눌리고 말게 되죠. 기술적인 면으로 볼 때는 그가 상당히 높은 지위를 차지하여도 좋을 것으로 생각되지만 좀처럼 사귀기 어려운 기질, 타인을 이끄는 능력이 없는 사람을 그러한 지위에 앉힐 수는 없었습니다."

혹시 당신도 이런 종류의 사람은 아닌지 스스로 한번 체크해 보기 바란다. 타인이 어떤 의견을 내놓았을 때 먼저 당신이 그 의견 가운데서 좋은 점을 찾아보겠다는 마음을 가질 수 있다면 당신은 조화로운 사람이라고 할 수 있다. 그런데 타인의 의견을 잘 새겨듣고 판단할 여유도 없이 그저 머리를 좌우로 흔들며 자기 의견만 내세울 생각을 하는 사람이라면 당신은 조화로운 사람이라고 할 수 없다.

따라서 만일 당신이 그런 사람이라면 반드시 그것을 고쳐야 한다. 방법은 간단하다. 타인이 당신에게 어떤 의견을 제시했을 때, 지금까지 당신이 취해 온 태도를 반대쪽으로 돌리면 된다. 즉 머리를 좌우로 도리질 치며 다른 사람의 의견을 부정적으로만 여기던 것을 이제는 머리를 상하로 끄덕이며 긍정적인 자세를 취하는 것이다.

이때 숙지해야 할 사항은 다음과 같다.

그리고 당신이 세상을 살아가자면 당신이 도움을 받아야 할 사람들이 있을 것이다. 그런 사람들의 리스트를 작성해 두었다가 추석이나 구정 같은 때에 잊지 말고 찾아가서 작은 선물이라도 내놓으면서 인사를 해두는 것이 좋다.

그리고 적어도 일주일에 한 번 이상은 전화로 안부를 묻도록 한다. 어떤 사람들의 경우, 전화비가 상상 이하로 적게 나온다거나 한 달 용돈이 지나치게 적은 것을 볼 수 있는데, 이런 사람들의 주위에는 한결같이 사람들이 없고 외로운 생활을 면하지 못하고 있음을 알 수 있다.

장래에 필요한 사람들을 당신의 옆에 비축해 두는 것이야말로 세상의

그 어떤 재산보다도 더 값지다는 사실을 기억하고, 좋은 인간관계를 유지
하기 위해 평소에도 각별히 신경을 쓰도록 하자.

상대방을 내 편으로 끌어들이는 방법

다른 사람들로부터의 인덕, 즉 호의와 애정과 선의를 손에 넣기 위해서는 먼저 그것들을 손에 넣으려는 노력이 중요하다. 여기서 말하는 호의와 애정과 선의란, 애인 사이의 감상적인 감동이나 친구 간의 우정처럼 가까운 사이에만 한정되어 있는 감정과는 다르다. 우리가 여러 부류의 사람들과 관계를 맺을 때 그들 각자에게 알맞은 방법으로 그들을 기쁘게 함으로써 손에 넣을 수 있는 보다 광범한 호의, 애정, 선의를 가리키는 것이다.

인덕을 얻는 것은 그다지 어려운 일이 아니다. 우아한 몸가짐, 진지한 자세, 사소한 배려, 상대방이 기뻐하는 말, 분위기, 옷차림 등 아주 조그마한 행위가 모이고 모이면 상대방의 마음을 붙잡을 수 있다.

상대방을 기쁘게 해주려는 마음을 가져라

기쁘게 해주려는 마음이 없다면 상대와의 관계를 우호적으로 이끌어 갈 수 없다. 그러므로 만일 상대가 당신을 위해 마음을 써 준 것이 기뻤다면 당신도 역시 그 사람을 위해 마음을 써 줘서 그에게 기쁨을 주도록 노력할 일이다. 이것이야말로 사람을 사귀는 데 있어서 꼭 필요한 인간관계의 대원칙이라 할 수 있다.

먼저 상대를 대접해 주자

내가 다른 사람에게 은덕을 베풀면 베풀수록 나에게 더 많은 것이 돌아온다는 사실을 명심하자. 내가 다른 사람에게 웃음을 보내면 보낼수록 나에게 돌아오는 웃음은 그만큼 많아지며, 반대로 다른 사람에게 기분 나쁜 말을 할수록 나에게 들려오는 소리는 온통 기분 나쁜 말들뿐이다.

내가 갖고 있는 최선의 것을 다른 사람에게 줄 때 그 사람으로부터 최선의 것을 얻게 된다는 사실을 명심하자.

인생은 메아리와도 같다. 우리가 다른 사람을 향해 보낸 것은 우리가 다시 되돌려 받게 되어 있다. 뿌린 대로 열매를 거두듯이 당신이 다른 사람에게 준 것을 그대로 되돌려 받는 것이 이 세상의 이치다. 그러므로 당신이 다른 사람들로부터 대접받기를 원한다면 당신이 먼저 상대를 대접해 주지 않으면 안 된다. 선물을 받고 싶으면 먼저 상대에게 선물을 주어야 하며 칭찬을 받고 싶으면 먼저 상대를 칭찬해 줄 일이다.

작은 배려가 상대방의 마음 문을 열게 한다

상대방을 화나게 하기보다 기쁘게 하고 싶으면, 그리고 비난을 받기보다는 칭찬을 받고 싶으면 언제나 상대방에 대한 배려를 잊어서는 안 된다.

아주 사소한 배려로도 충분하다. 예를 들어, 평소에 그 사람이 좋아하는 취미나 버릇 등을 살펴 두었다가 그것을 그의 앞에 내어놓는 것이다. 비근한 예로 "당신이 좋아하는 술을 마련해 두었다."라는 정도면 족하다.

당신의 그 사소한 배려로 말미암아 상대방은 당신에게 마음이 쏠리게 되어 당신이 하는 일, 행하는 것 모두를 호의적으로 받아들이게 된다는 점을 잊지 말자.

칭찬은 돈 안 드는 뇌물이다

사람을 내 편으로 이끌고 싶다면 그에 대한 칭찬을 아껴서는 안 된다. 실제로 진지한 칭찬은 최고로 효과적인 가르침이며 가장 자극적인 동기 유발의 방법이기도 하다. 칭찬이야말로 인간이 찾고자 하는 보물이며 돈 안 드는 뇌물이다.

그럼 다른 사람을 효과적으로 칭찬하는 방법에 대해 몇 가지만 알아보도록 하자.

첫째, 성실하고 진실하게 칭찬해야 한다. 진실성이 결여된 거짓 칭찬은 상대방도 금방 알아챌 수 있으므로 하면 할수록 오히려 역효과를 가져오게 된다. 따라서 칭찬은 진실해야만 한다.

둘째, 그 사람의 장점을 충분히 살려서 칭찬하되 그 증거가 될 만한 구체적인 사실을 지적해야 한다. 막연히 "당신은 좋은 사람이다."라고 칭찬하는 것은 인사치레에 불과하여 아무런 효과가 없다. 어떠한 사람에게도 남의 칭찬을 받고 싶은 곳이 있다. 그것을 찾아내기 위해서는 그 사람이 평소에 즐겨 화제로 삼는 것을 유심히 관찰해 두는 것이 좋다. 누구나 대개 자기가 칭찬을 받고 싶은 것, 뛰어나다고 인정받고 싶은 것을 가장 많이 화제로 삼기 때문이다. 그곳이 급소이다. 그곳을 찌르면 상대방은 나가떨어지게 되어 있다.

셋째, 상대방을 가장 기쁘게 하는 칭찬 방법은 본인이 없는 자리에서 칭찬하는 것이다. 그것만으로 그쳐서는 의미가 없다. 그 칭찬한 것이 상대방에게 확실히 전달되어야 한다. 중요한 것은 칭찬한 것을 전해 줄 사람을 선정하는 일이다. 그 말을 전달함으로써 당신한테 덕을 볼 사람이나 당신과 가장 친하게 지내는 사람을 찾는 것이 좋다. 그렇게 하면 확실히 전해 줄뿐만 아니라, 어쩌면 당신이 말한 그 칭찬을 부풀려서 전해 줄지도 모른다. 사람에 대한 찬사 중에서 이보다 기쁘고 효과적인 것은 없다.

동물의 왕인 사자가 중병에 걸렸다. 숲속의 동물들이 모두 문병을 왔는데 여우만 나타나지 않았다. 그러자 평소 여우와 사이가 좋지 않았던 늑대가 속으로 쾌재를 불렀다.

'지금이 바로 여우에게 복수할 절호의 기회다.'

늑대는 사자에게 간언을 했다.

"숲속의 왕이시여, 여우가 문병을 오지 않은 것은 필경 대왕을 무시하는 처사입니다. 그러니 엄한 벌을 내려야 마땅합니다."

마침 그때 여우가 도착했다.

사자는 크게 노하여 물었다.

"네 이놈, 왜 이리 늦었느냐?"

여우는 늑대의 간언을 눈치 채고 꾀를 냈다.

이처럼 남을 헐뜯는 사람은 그것으로 인해 반드시 낭패를 당하게 되어 있다. 하지만 다른 사람에게 좋은 영향을 주고서도 자기 자신에게 아무런 이익이 돌아오지 않는 경우는 거의 없다. 따라서 자신을 위해서라도 다른 사람을 칭찬하는 데 인색해서는 안 된다.

우리는 자기의 생각뿐만 아니라 버릇이나 옷차림과 같은 하찮은 것까지도 남에게 흠을 잡히면 상처를 입게 되고 인정을 받으면 크게 기뻐한다. 따라서 사람을 사귀고자 할 때는 단점을 꼬집어서 상대방의 마음에 상처를 입히지 말고 그 사람의 장점을 들면서 칭찬해 주자. 진정으로 그 사람을 위해 단점을 꼬집으며 충고를 하고자 할 때는 그런 다음에야 할 일이다.

이런 사람들과 교제하라

친구가 많고 적이 적은 사람이야말로 이 세상에서 가장 강한 사람이라고 말할 수 있다. 그런 사람은 누군가로부터 원한을 사거나 시기의 대상이 되는 경우가 거의 없기 때문에 누구보다도 빨리 출세하고, 설사 몰락하는 일이 있더라도 사람들의 동정을 받아 우아하게 몰락한다.

그럼 어떤 사람들과 교제하는 것이 좋을까?

우선 모든 면에 있어서 당신보다 뛰어나다고 생각하는 사람들과 교제하도록 노력할 일이다. 그런 사람들과 교제를 하게 되면 당신 역시 그들과 비슷한 수준이 될 수 있다. 그런데 만일 당신보다 못한 사람들과 교제를 하게 되면 당신 자신도 그 정도의 인간밖에 되지 않는다. 인간은 교제하는 상대에 따라 어떤 형태로든 달라지게 되어 있기 때문이다.

그리고 당신의 밝은 미래를 위해서라도 삶을 긍정적으로 바라보는 사람들과 교제할 것을 권하고 싶다.

오랫동안 남들이 하라는 대로만 이끌려 다니던 사람이 세일즈 세계에

발을 들여놓은 뒤로 자신감이 넘치고 열정적인 사람으로 변해 있는 경우를 당신도 보았을 것이다. 그런 사람들은 그 세계에 들어서기 전에는 대부분 부정적인 사고방식을 가진 사람들에게 둘러싸여서 주로 "안 된다.", "할 수 없다."라는 말만 들어오다가 그 세계에 들어가면서부터 훈련 강사나 매니저, 동료들로부터 "나도 할 수 있다."는 긍정적이고 적극적인 말만 듣기 시작한다. 주위가 온통 긍정적인 사고방식에 젖은 사람들로 둘러싸여 있는 것이다.

만일 당신이 이런 사람들과 사귄다면 당신의 자기 이미지와 태도에 커다란 변화가 올 수 있다. 따라서 이런 사람들과 교제할 것을 권한다. 자신의 삶에 대해 긍정적이며 열정적으로 임하는 이런 사람들과 사귀게 되면 당신은 그들의 적극적이고 긍정적인 생각과 성격을 많이 배울 수 있게 되기 때문이다.

사람은 주변 사람들을 많이 닮아가게 되어 있다. 그들이 긍정적인 사람이든 부정적인 사람이든 마찬가지다. 따라서 주위 사람들이 인생을 사랑하고 매사에 긍정적이고 적극적인 사람이라면 당신 역시 그럴 가능성이 크다. 반대로 그들이 인생을 비관하고 매사에 부정적이고 나태한 삶을 살아가는 사람들이라면 당신 역시 그럴 확률이 높아지게 됨을 기억해야 한다.

이런 사람들을 멀리하라

첫째, 다른 사람에 대해 좋은 말보다 험담을 많이 하는 사람은 멀리하는 것이 좋다. 언젠가는 그 사람이 당신에 대해서도 그런 험담을 쏟아낼 수 있기 때문이다.

둘째, 말이 많은 사람을 멀리하자. 사람이 변변치 못할수록 무엇이든 아는 체하고 싶어 하며 입에 침이 마를 새 없이 자신을 자랑하기에 여념이 없다. 이런 사람들은 대개가 다른 사람의 의견을 무시하고 자기 혼자 떠드는 것이 특징이다. 그리고 말을 지나치게 많이 하는 사람들을 보면 대체적으로 무능해서 정보를 수집하기는커녕 오히려 다른 사람에게 아이디어를 도둑맞거나 자신의 약점을 노출시키기 십상이다.

셋째, 어떤 경우에도 피해야 할 것은 수준이 낮은 사람과 어울리는 일이다. 덕이 부족하고, 인격이나 지적 수준이 낮고, 사회적인 위치가 아주 낮아서 당신과 교제하는 것을 자랑스럽게 여기는 그런 사람들이다. 그런 사람들은 당신을 자기 곁에 붙잡아 두기 위해 당신의 결점까지도 일일이 칭찬할 것이다. 그런 사람들과 어울려서 당신에게 이로울 것은 아무 것도 없다. 오히려 주위사람들로부터 당신까지 그런 사람 취급을 받게 될 뿐이다.

이런 말을 하는 이유는 분별도 있고 사회적인 지위도 확고한 사람들이 그런 사람들과 어울려서 신용을 잃고 타락해 가는 모습을 적지 않게 보아 왔기 때문이다. 그런 사람들과 어울리는 사람들은 대체적으로 허영심에 들떠 있는 사람들이다. 그들로부터 칭찬 받고 싶고, 존경받고 싶고, 그들을 마음대로 조정하고 싶은 것이다. 그래서 용의 꼬리보다는 뱀의 머리를 택한 것이다. 그럼 그 결과는 어떻게 될까? 결국 얼마 안 가서 자기도 그런 사람들과 똑같은 수준으로 전락되어 버려서 좀 더 훌륭한 사람들과 교제하려고 해도 그 뜻을 이룰 수 없게 된다.

다시 한 번 강조하지만 사람은 교제하는 상대에 따라서 자신의 수준이 올라가기도 하고 내려가기도 한다. 그리고 당신이 어떤 사람들과 교제하느냐에 따라서 당신에 대한 주위 사람들의 평가가 달라진다는 사실 또한 명심하자.

그리고 마지막으로, 나태하거나 부정적 사고를 가진 사람들을 멀리하자. 그런 사람들과 어울리면 당신도 알게 모르게 그런 영향을 받게 되기 때문이다. 세상에서 제일 지혜롭고 현명하다던 솔로몬도 우상을 숭배하던 블레셋 여인을 아내로 삼은 후에 그의 마음과 생각이 우상에게 끌리기 시작했고, 급기야는 우상을 숭배하기에 이르렀으며, 세상에서 가장 힘이 세다던 삼손은 데릴라의 교태와 꼬임에 넘어가서 그의 비밀을 털어놓았고, 결국 눈먼 노예로 전락하고 말았다.

당신이 어떤 친구를 갖고 있느냐에 따라 당신에 대한 평가가 어느 정도 결정된다고 해도 과언이 아닌데, 이에 대한 말이 스페인에 있다.

"누구와 친하게 지내는지를 말해 주면 당신이 어떤 사람인지를 알아 맞힐 수 있다."

그렇다. 당신이 부도덕한 사람이나 어리석은 사람을 친구로 삼고 있다면 당신 역시 그런 유의 사람으로 의심을 받게 된다.

그럼 그런 부도덕한 자나 어리석은 사람이 접근해 오면 어떻게 대처하는 것이 좋을까?

그들이 알아차리지 못하게 슬며시 몸을 피하되 필요 이상으로 너무 차갑게 대함으로써 그들을 적으로 만들어서는 안 된다. 그래서는 절대로 당신에게 득이 되지 않는다. 그들과 함께 어울려 친구가 되는 것보다는 낫겠지만 일단 그들로부터 적의를 받게 되면 자칫 당신이 화를 입게 될 수도 있기 때문이다.

만일 내가 그런 입장에 처하게 된다면 적도 아니고 우군도 아닌 중립적인 자세를 취하겠다. 이것이야말로 가장 안전한 방법이기 때문이다. 즉 그의 악하고 어리석은 행위는 싫어하지만 인간적으로는 적대시하지 않는 것이다. 분별없이 자신이 생각하고 있는 것을 고스란히 드러내어 상대방을 적으로 만드는 행동이야말로 자제해야 할 일이다.

사람은 자신이 교제를 나누는 사람들로부터 영향을 받으며 점점 그들과 같은 사람이 되어가게 된다. 교제를 나누는 사람들의 좋은 점뿐만 아니라 좋지 못한 점까지도 자신도 모르게 서서히 닮아가게 된다. 그래서 마치 화장실 치는 일을 오랫동안 하게 되면 그 악취에 점차 적응되어 둔감해지듯이 그 환경에 적응되어 민감한 반응이 없어지게 된다.

당신이 나태하거나 부정적인, 또는 파괴적인 상황이나 환경에 둘러싸여 있다 보면 처음에는 그것에 이의를 제기할 것이다. 하지만 곧 관대해지는 쪽으로, 그 다음에는 허용하는 쪽으로, 그리고 그 다음에는 참가하는 쪽으로 기울어져서 결국은 그것을 즐기게 된다는 것이다.

처음에는 그 변화가 거의 눈에 띄지 않게 시작되지만 시간이 지날수록 점차로 커지게 된다. 당신이 나태하거나 부정적인 친구를 멀리 해야 하는 이유가 바로 여기에 있다. 당신이 지금보다 더욱 발전하고 싶다면 명심할 일이다.

사람들은 흔히 '돈은 모든 죄악의 뿌리'라고들 말한다. 그러나 정상적인 의미로 돈이란 우리가 세상에 제공한 서비스에 대한 대가이다. 그러므로 세상에 열심히 양질의 서비스를 제공하여 세상을 살아가기에 부족함이 없을 정도로 많은 돈을 벌어야 할 의무가 있다. 돈이 필요한 경우, 그것을 대용할 만한 것은 세상에 거의 없기 때문이다.

PART 10

돈을 무시하는 사람은 돈에 의해 **무시** 당한다

창업은 최상의 예술이다

많은 사람들이 실업자가 될까봐 자신의 적성에 맞지도 않는 직장을 다니고, 날마다 다른 사람의 눈치를 보며 살아가는 생활을 청산하고 싶은 마음으로 사업을 꿈꾸기도 한다. 무능한 상관에게 무시당하지 않고, 노력한 만큼 혼자 수입을 챙기고 싶고, 또 쉬고 싶을 때 마음대로 쉴 수 있는 심신의 자유를 누리고 싶은 것이다.

창업은 사실 생각보다 훨씬 쉽기도 하지만 많은 함정이 도사리고 있다. 그래서 시각주의 예술 운동의 선구자이며 팝 아트로 잘 알려진 미국의 엔디 워홀은 이렇게 말하고 있다.

"돈을 번다는 것은 예술이고 훌륭한 사업은 최상의 예술이다."

정보 과잉의 시대에 세상이 요구하는 인재상은 예술가 정신을 갖춘 사람이다.

첫째, 남들과 다른 것을 하는 사람, 즉 개성이 강한 사람.

둘째, 실패를 두려워하지 않고 새로운 도전을 하는 사람.

셋째, 안전지대를 과감하게 박차고 경계에 서 있을 수 있는 사람.

넷째, 두려움을 가로질러 갈 수 있는 사람.

다섯째, 고정관념과 편견을 버리고 창조할 수 있는 사람.

예술가는 변화를 두려워하지 않는다. 실패를 두려워하면 예술가가 될 수 없다. 위대한 작품을 만들고 싶다면 그 두려움과 함께 친구가 되어 춤을 출 수 있는 배짱이 있어야 한다.

내 사업 경험에 비추어서 창업을 하고 싶은 사람들에게 꼭 해주고 싶은 몇 가지가 있다.

우선, 자신이 좋아하는 일을 선택해야 한다

어떤 사람이 성공한 CEO에게 물었다.

"사장님, 성공 비결을 한 마디로 요약한다면 어떻게 말씀하시겠습니까?"

"똑똑한 자는 열심인 자를 못 따라가고, 열심인 자는 즐기는 자를 못 따라갑니다."

그렇다. 창업 시에 가장 염두에 두어야 할 것은 자신이 좋아하지 않는 일은 택하지 않는 것이다. 그 일을 좋아하지 않으면 열정을 쏟을 수 없기 때문이다. 따라서 내가 가장 좋아하는 일에 모든 열정과 투자를 쏟아 부어라.

둘째, 오랜 경험과 오랜 구상, 지속적인 연구와 노력이 필요하다

성취하려는 목표가 강한 인재가 리더가 될 수 있다. 현재 삶의 치열한 글로벌 시장에서 경쟁하는 자신을 상상하고 준비해야 한다. 자영업을 시작하려면 순간적인 충동이나 영감이 아니라 철저한 조사와 경험과 오랜 구상과 지속적인 연구와 노력이라는 과정을 거쳐야 한다.

셋째, 아마추어로는 안 된다. 프로 정신으로 임하라

그렇다면 프로와 아마추어와의 차이는 무엇일까?

프로는 즉시 행동으로 보여주고 아마추어는 말로 보여 준다.

프로는 자기 일에 목숨을 걸고 아마추어는 자기 일에 변명을 한다.

프로는 여행가이고 아마추어는 관광객이다.

프로는 뚜렷한 목표가 있지만 아마추어는 목표가 없다.

프로는 강자에게 강하고 아마추어는 약자에게 강하다.

프로는 사람을 소중히 우선시하고 아마추어는 돈을 우선시한다.

프로는 창조적 괴짜이며 미래 중심적이고 아마추어는 전략적 노예이며 과거 중심적이다.

프로는 실수를 하고 아마추어는 실패를 한다.

프로는 도전과 변화를 추구하지만 아마추어는 예측과 질서를 추구한다.

프로는 항상 긍정적으로 웃지만 아마추어는 비웃는다.

프로는 경험과 삶으로 영향력을 발휘하지만 아마추어는 칙책으로 권위를 행사한다.

넷째, 단일과업에 몰입하라

집중되고 응집된 것은 탁월성을 부여한다. 자신의 한계 이상으로 탐욕을 부리면 반드시 망한다. 여자의 황제 카사노바도 이 원칙을 적용함으로써 자기 분야의 최고가 되었다. 한 여자를 목표로 삼은 뒤에는 결코 다른 여자를 생각하지 않았다. 오로지 자신이 원하는 여성에게만 집중하여 모든 것을 바침으로써 자신이 뜻한 바를 이루었다.

마찬가지로 무슨 일을 하든지 반드시 이뤄내고야 말겠다는 강한 신념으로 오로지 한 가지 일에만 매진한다면 성공하지 못하는 것이 오히려 이상한 일이다.

토끼와 오리, 다람쥐가 동물학교에 입학했다. 이들 셋은 각각 한 가지씩 장기가 있었다. 토끼는 발이 빨랐고 오리는 헤엄을 잘 쳤으며 다람쥐는 나무타기에 재주가 있었다.

그런데 각자 자기 영역에서는 타의 추종을 불허할 정도였지만 그 외의 종목에서는 성적이 형편없었다. 그래서 부족한 종목에 시간을 더 투자해야겠다고 생각했다.

토끼는 달리기 연습 시간을 줄이고 수영과 나무타기를 열심히 연습했다. 그 결과 수영과 나무타기 실력은 조금 나아졌지만, 달리기 실력은 보통 수준으로 떨어지고 말았다.

오리도 수영 연습을 그만두고 온종일 달리기와 나무타기만 연습했다. 오리 역시 달리기와 나무타기 실력은 조금 나아졌지만, 결국에는 돌투성이 길을 달리고 거친 나무 등걸을 기어오르느라 물갈퀴가 다 찢어져 수영을 제대로 할 수 없게 되었다.

다람쥐도 마찬가지였다. 나무타기 연습 대신 수영이며 달리기 연습을

하느라 발톱이 다 닳아버려서 나중에는 더 이상 나무 등걸을 움켜잡을
수도 없을 지경이 되었고, 결국 나무타기를 그만두어야만 했다.

우리가 모든 것을 다 잘할 수는 없다. 이것저것 욕심내지 말고 평생을 바
쳐 하고 싶은 일을 찾아 거기에 몰입하자. 그것이 곧 성공의 지름길이다. 몰
입하면 열정과 신념의 에너지가 만들어진다. 열정과 신념으로 일에 몰입
하는 사람을 성공의 여신은 결코 비켜가지 않는다. 집중력은 모래를 황금
으로 바꾸는 비법이다. 그것은 평범한 사람을 위대한 천재로 바꿔 놓을 수
있다.

다섯째, 창의적인 리더가 되어라

정동일 연세대 교수는 창의적인 리더가 되기 위한 요건을 이렇게 제시
하고 있다.

1) 나는 미래에 대한 간절한 꿈을 가지고 있는가?
창의적인 기업을 만들고 싶다면 무엇보다 리더로서 미래 꼭 이루고 싶은
꿈, 원대하고도 신나는 꿈을 가지고 있어야 한다. 하지만 꿈과 목표를
구별해야 한다. 꿈이 상징이라면 목표는 현실이다. 꿈은 내가 혹은 우리
조직이 미래 달성하고자 하는 이상을 자신만의 독특한 방식으로 표현한
것이다. 아울러 꿈을 이루기 위해 현실적으로 달성해야 하는 것이 바로
목표이다.

2) 나는 기존의 관행을 과감히 탈피하려는 모험심이 있는가?

창의적 리더는 새로운 것에 대한 태도가 적극적이고 불확실에 대한 두려움이 적은 편이다. 또한 실수를 두려워하지 않으며 업무 혹은 사업의 결과가 명확하지 않더라도 큰 주저함 없이 시도하는 경향이 강하다.

3) 나는 목표를 달성하기 위해 절대 포기하지 않는 열정을 가지고 있는가?
창의적 리더의 가장 큰 특징은 목표에 대한 굽힐 줄 모르는 의지와 열정이다. 세계 최고의 진공청소기를 만든 제임슨 다이슨은 최고의 제품을 만들기 위해 무려 5,127번의 실패를 경험했다고 한다. 스티브 잡스도 "직원을 뽑을 때 가장 중요한 선발기준은 일에 대한 열정"이라고 강조한다.

4) 나는 내가 일하고 있는 분야에서 누구 못지않은 전문가적인 지식과 역량을 갖추었는가?
열정만으로는 창의적인 리더가 될 수 없다. 창의적 리더의 가장 중요한 무기 중 하나는 지적능력이다.

5) 나는 직원들에게 끊임없이 지적 자극을 주기 위해 노력하는가?
창의적 리더는 업무 결과만 가지고 직원들을 평가하지 않는다. 직원들이 얼마나 새로운 것을 시도했는가를 평가한다.

이처럼 창의적 기업을 이끌기 위해서는 리더들도 창의적이어야 한다. 이 다섯 가지 질문을 스스로에게 질문해 봄으로써 자신이 창의적 리더인지 체크해 보기 바란다.

여섯째, 경기가 어려울수록 공격경영을 하라

긍정적인 사람은 매출을 올리고 부정적인 사람은 비용을 줄이려고 한다. 이른 봄의 들꽃들은 쉽게 절망하고 포기하지 않으며 희망을 위해 싸운다. 기권하지 말고 끈기 있게 버티면 반드시 기회가 온다.

나는 자유롭고 불규칙하면서도 규칙적인 시간표를 따라야 하는 지금의 생활에 행복감을 갖고 감사한 마음으로 살아가고 있다.

출퇴근을 하기 위해 답답한 길바닥에서 시간을 낭비하지 않아도 되고, 근무시간에 대해 이런저런 잔소리를 하는 상사도 없고, 어느 누구의 눈치를 살펴야 할 필요도 없으며, 내가 하고 싶은 일을 내가 하고 싶은 시간에 하고 싶은 만큼만 해도 되는 영혼이 자유로운 직업이면서 게다가 조금쯤은 사람들로부터 부러움까지 받기 때문이다. 이렇게 감사하고 행복한 하루하루를 보내면서 자신을 엄격히 통제하는 간단한 의무마저도 감당하지 못한다면 '그냥 그렇게' 살다가 죽는 수밖에 없다.

나에게는 자신의 삶 자체가 밑천이다. 삶은 '경험'이요, '교육'이며 '훈련'이고 '깨달음'이기 때문이다. 나의 안 좋은 경험도 교훈으로 해석하며 약이 되게 한다. 자유로움 속에서도 영업의 목표치를 달성하지 못하면 자신에게 채찍을 들고 개척정신으로 오로지 배짱과 열정으로 밀고 나간다. 고객관리에 조금만 허점을 보여도 어김없이 곧바로 그 빈틈을 뚫고 손실이 찾아든다. 이런 난관들을 헤치고 정상을 향해 한 걸음씩 나아가는 것이 삶의 의미라고 믿는다.

제한된 분야에서 다람쥐 쳇바퀴 돌 듯 똑같은 궤도를 따라 움직이기만 해서는 새로운 땅을 밟지 못한다. 인생에는 방학이 없다. 노력하지 않고 얻을 수 있는 것은 주름살과 삼겹살뿐이다.

돈에 대해 악담을 하면 호주머니가 가벼워진다

사람들은 흔히 '돈은 모든 죄악의 뿌리'라고들 말한다. 그래서 돈을 사랑하는 것은 모든 죄의 뿌리를 사랑하는 것이라고도 말한다. 그러나 정상적인 의미로 돈이란 우리가 세상에 제공한 서비스에 대한 대가이다. 그러므로 당신은 세상에 열심히 양질의 서비스를 제공하여 당신이 세상을 살아가기에 부족함이 없을 정도로 많은 돈을 벌어야 할 의무가 있다. 돈이 필요한 경우 그것을 대용할 만한 것은 세상에 거의 없기 때문이다.

그러니 항상 마음속으로 '돈은 유익한 것'이라고 생각하도록 하자. 그리고 빈말이라도 "아, 이 원수 같은 돈" 어쩌고 하지 말자. 당신이 이렇게 돈에 대해 긍정적인 생각을 잠재의식에 심어둘 때, 그 돈이란 것이 당신에게로 몰려들게 되어 있다.

생각해 보자. 당신이 돈에 대해 저주하는데 어떻게 그 돈이 당신에게로 굴러들어올 수 있겠는가?

그럼 이에 대한 이야기를 『당신도 마음만 먹으면 성공할 수 있다』의

저자인 머피 박사로부터 들어보자.

"당신이 부자가 되고 싶으면 돈에 대한 좋지 못한 사고방식이나 미신을 당신의 마음 밖으로 전부 쫓아내 버리지 않으면 안 된다. 즉 '돈은 나쁜 거야'라든가 '돈은 더러운 거야'라는 식으로 생각하는 것은 절대 금물이다. 자기가 마음속으로 비난한 것은 언젠가 잃게 된다는 사실을 잊어서는 안 된다.

많은 사람들이 가난을 벗어날 수 없는 이유 중의 하나는 그들이 마음속으로, 혹은 입으로 돈에 대해 악담을 하고 있기 때문이다. 그러한 사람들은 돈에 대하여 '더러운 돈'이라든가 '돈을 사랑하는 것은 죄악의 근원'이라고들 말한다.

그러나 돈은 당신에게 필요한 물건과 교환할 수 있고, 따라서 당신을 결핍으로부터 자유롭게 하고, 미美와 호화로움과 풍요함과 세련됨을 갖게 하는 고마운 물건이다. 혈액이 당신의 몸을 자유로이 순환하고 있을 때 당신이 건강할 수 있는 것처럼 돈이 당신의 생활 속에서 자유로이 순환될 때 당신은 경제적으로 건강할 수 있는 것이다.

국가에 있어서도 마찬가지다. 국가를 구성하고 있는 국민 각자에게 그 돈이 충분히 순환될 때 그 국가는 건강한 것이다. 그렇지 않고 그 순환이 순조롭지 못할 때 국가는 그야말로 병든 상태에 놓여진다. 그러므로 나쁜 것은 '돈이 순환되고 있지 않은 상태'이지 돈 자체가 나쁜 것이 아니다.

돈은 몇 세기 동안 계속 교환의 수단으로서 갖가지 형태를 취해 왔다. 아름다운 조개껍질이나 구슬, 장식품 등이 돈의 구실을 하던 시대도 있었다.

그리고 부富의 척도가 소유하고 있는 양이나 소, 쌀가마니 수에 의해 결정되던 시대도 있었는가 하면 금이나 은으로 결정되던 시대도 있었다. 그러나 오늘날엔 화폐나 수표, 또는 유가증권 등을 사용하고 있다. 물건 값을 지불할 때, 소나 양을 데리고 온다거나 쌀가마니를 등에 짊어지고 와서 치르는 것보다 돈이나 수표를 사용하면 훨씬 편리하기 때문이다. 그런데 무엇 때문에 이 유용한 돈에 대해 그처럼 쓸데없이 악담을 해대는가? 오히려 고마워해야 할 일이다. 다시 한 번 강조하지만, 돈에 대해 악담을 하면 반드시 당신의 호주머니가 가벼워진다는 사실을 명심하기 바란다."

세계 각국의 은행에는 하루에도 수백 수천억 달러가 들락거리고 있다. 지금 그 수많은 돈들이 새롭고 건설적인 투자 기회를 위해 갈망하고 있는 것이다. 따라서 이 세상에는 우리를 성공으로 이끄는 데 필요한 돈과 힘과 지식들이 얼마든지 있다는 걸 명심하고 희망을 갖고 뛰자.

나는 어떻게 살 것인가?

　돈을 벌거나 성공하기 위해서는 수단과 방법을 가리지 말아야 한다고 말하는 사람들이 있다. 원리원칙대로만 살아서는 돈을 벌 수도 성공할 수도 없다는 것이다.

　물론 험난한 세상을 살아가자면 정석대로만 살기는 힘들고 얼마간의 변칙과 융통성은 필요하다고 본다. 그러나 수단과 방법을 가리지 않고 성공해 보겠다는 말은 진정한 삶이 무엇이고 진정한 성공이 무엇인지를 모르는 사람의 입에서 나오는 소리이다.

　우선, 우리가 돈을 벌어야 하는 이유는 '사람답게' 살기 위함이다. 그런데 돈을 버는 과정에서 수단과 방법을 안 가린다면 이미 사람답게 사는 것을 포기한 것이나 마찬가지다. 그들은 말한다, 돈을 번 다음에 사람답게 살면 된다고. 그러나 그 수단과 방법을 가리지 않고 돈을 벌다가 세상에서 얼마나 많은 사람들이 패가망신을 당했는가?

　자타가 인정할 만큼 성공했다는 사람들이 돈 욕심에 눈이 어두운 나머지 부정부패를 저지르다가 발각되어 결국 그동안 쌓아올렸던 공든 탑이 한꺼번에 와르르 무너지며 패가망신 당하는 것을 보면서 당신은 무엇을 생각했는가?

나는 주위에서 이런 사람들을 참으로 많이 보아 왔다. 어떤 사람은 회사에 출근하여 책상 앞에 앉는 순간부터 '어떻게 하면 사장 몰래 돈을 빼낼까'부터 궁리한다. 그러고는 하는 말이, 회사에서 거저 생기는 돈이 많다 보니 자기의 한 달 급료는 용돈에 불과하단다. 회사 사장이 알면 도둑으로 몰려 패가망신을 당할 판인데도 그걸 자신의 친구들이나 동네 사람들에게 자랑삼아 말한다.

또 더더욱 웃지 못할 것은, 매스컴에서 정치인들이 검은 돈을 챙겼다고 하면 열을 올리던 사람들도 이런 사람들이 들려주는 자랑 아닌 자랑을 듣고는 부러워한다는 사실이다.

당신은 결코 그런 사람들의 말을 귀담아 두지 말고 일언지하에 물리기 바란다. 그런 이야기를 듣고 부러워하다 보면 힘만 빠질 뿐 당신에게 아무런 득이 되지 않는다. 그들을 부러워하기보다는 노력하여 떳떳하게 번 당신의 적은 돈이 당신보다 수십 배 수백 배나 많은 그들의 돈보다 훨씬 더 고귀하고 값지다는 사실을 알고 행복해 해야 할 일이다.

그런 사람들은 대부분 돈을 물 쓰듯 하면서 자신의 생색내기에 열을 올린다. 부정을 저질러 번 돈으로 자선사업 등을 펼치면서 자신들의 낯내기에 열을 올린다. 이 얼마나 우습지도 않은 일인가? 정말 땀 흘려 번 돈으로 살아가는 정직한 사람들을 힘 빠지게 하는 그런 사람들을 부러워하는 당신이 아니기를 바란다.

돈 욕심 때문에 자기 아버지를 죽였다는 어느 대학교수의 이야기를 당신도 들은 적이 있을 것이다. 그가 대학교수가 된 것은 일단 자기가 바라던 목표를 달성한 것이라고 본다. 그러나 겉만 화려할 뿐 내면이 갈고 닦이지 않았기에 자기를 낳아 준 아버지를 돈 때문에 죽이고, 결국 자기 인생까지 망쳐 버리는 지경이 되었던 것이다.

겉보기엔 인생에서 성공한 것처럼 보이는 사람들이 이렇게 부정한 방법으로 돈이나 권력을 탐하다가 결국 자기 인생까지 망쳐 버리는 것을 보면 정말 안타까운 일이 아닐 수 없다.

그리고 돈이 아무리 많은 사람도 때론 다른 사람으로부터 도움을 받아야 할 때가 있다. 그런데 평소 다른 사람에 대해 인심이 각박했던 사람은 언젠가는 좋지 않은 결과를 맞게 되어 있다. 따라서 자기에게 여유가 있을 때일수록 겸손하고 다른 사람을 위해 베풀도록 하자. 그것은 자신을 위한 하나의 투자여서 언젠가는 그 보답이 자신에게로 어떤 모습으로든 변하여 되돌아오게 되어 있다.

경제적으로 여유로울 때 주위 사람들에게 베풀자. 세상에 나 혼자만 산다고 생각하면 얼마나 삭막한 일이겠는가? 누군가가 내 옆에 있어 준다는 사실 하나만으로도 우리는 그들에게 고마운 마음을 갖고 살아가야 할 것이다. 이러한 삶이, 사람이 다른 동물들과 다른 점이 아니겠는가?

이쯤에서 내가 이 땅의 독자들과 나의 사랑하는 아들딸에게 꼭 해주고 싶은 말이 있다.

첫째, 비난과 불명예가 거꾸로 자신에게 덮치지 않도록 남을 비방하지 말라. 악령은 앞에서 덤벼들지만 비방은 언제나 뒤에서 몰래 덮친다. 분노에 몸을 맡기지 말라. 분노에 몸을 맡긴 사람은 자신이 할 일을 잊고 자신의 선행을 놓치게 마련이다. 육욕과 과욕, 과음을 삼가라. 육욕과 과욕, 과음의 결과는 병마와 후회뿐이다. 자신의 삶을 해치지 않기 위해 마음에 질투를 품지 말라. 치욕을 당하고 그것 때문에 죄에 빠져서는 안 된다.

둘째, 근면하고 과묵하라. 자신의 노동으로 살고 자기가 생산한 것 중에서 가난한 사람들을 위해 저축하라. 그러한 습관은 자신의 행위에서 가장 가치 있는 것이 될 것이다. 남의 재물을 훔치지 말고 자신의 일을 게을리하지 말라. 자신이 일하여 먹지 않고 남으로 하여금 자기를 부양하게 하는 자는 일종의 식인종이라 해야 마땅하다.

셋째, 교활한 사람과는 논쟁하지 말고 멋대로 하게 내버려두는 것이 낫다. 탐욕스러운 사람과는 사귀지 말라. 그런 자의 가르침을 믿지 말라. 어리석은 자와는 시비를 따지지 말라. 악인한테서는 돈을 빌리지 말라. 비방하기좋아하는 자와는 함께 일하지 말라.

넷째, 사람들이 자신이 받은 선보다 자신이 입은 피해를 더 많이 생각하는 것은 자연의 이치다. 그러므로 선善은 금방 잊히지만 모욕은 좀처럼 잊히지 않는다.

다섯째, 의식주를 위해 필요한 것은 아주 적다. 그 밖의 것은 다만 남의 취미에 영합하기 위해, 또한 남보다 돋보이기 위해 장만하고 있을 뿐이다.

마지막으로 평소에 내가 좋아하는 윌리엄 버클레이의 「내게 있는 것을 잘 사용하게 하소서」라는 시 한 편을 소개하고 이 글을 마치겠다.

신이여,
나로 하여금 나의 생명을
당신께서 내게 원하시는 대로
사용하게 도와주소서.

나의 능력을

다른 사람을 위해 쓰게 하심으로

남을 행복하게 하고 세상을

유익케 하옵소서.

내가 가진 물질로

자신을 위한 이기적인 목적이 아니라

남을 돕는 일에 후히 쓰게 하소서.

나의 시간을 선한 일에만

지혜롭게 사용하도록 도와주옵소서.

이기적이거나 육적인 쾌락을 위해 쓰지 않고

남을 위해서 사용케 하옵소서.

나로 하여금 새로운 것을 깨닫고

자신을 발전시키는 일을 위해 노력하게 하시며

배우는 것을 게을리 하지 않게 하시고

세상의 무익하고 썩어질 것들에

결코 마음을 두지 않게 하옵소서.

비즈니스의 생존법

비즈니스와 세일즈란 인간이 존재하는 한 없어지지 않는 영역이다. 그럼 이 비즈니스와 세일즈를 어떻게 하면 잘할 수 있을까?

비즈니스나 세일즈에서 인간관계는 생명과도 같다. 이 분야에서 좋은 인간관계란 결국 상대방의 마음을 사는 것이다. 그렇지 않으면 계약도 못하고 물건도 팔 수 없다. 진성성이 없으면 한 번은 팔아도 두 번은 못 판다.

다른 사람의 마음을 사는 비결은 상대방 입장에서 생각하고, 이 진정성이 습관이 되고 체질화되어야 하는 것이다. 비즈니스나 세일즈맨으로 성공하려면 술도 많이 마셔야 하지만, 술에 약한 사람은 자신만의 노하우를 찾으면 된다.

나는 원래 호텔 신축현장 기술감독관과 시설 부문의 관리운영을 해왔을 뿐, 처음부터 비즈니스맨은 아니었다. 갈급한 마음으로 끈기 있게 밀고 나가다 보니 내 몸에 어느 새 비즈니스의 피가 흐르게 되어 심장이 뛰고 일이 즐겁게 되었다. 아무리 첫 만남이라 할지라도 '우리 회사의 잠재고객'이라 생각하고 비즈니스 작업에 들어가는 것이 습관화되어 있다.

사람들에게 감동을 주는 요소, 즉 사람의 마음을 사로잡는 핵심은 무엇일까? 바로 무엇이든 주는 것이다. 그것이 꼭 금전적일 필요는 없다. 정성과 시간, 노력을 주면 된다. 한 마디로 정을 주는 것이다. 그러면 고객은 어떤 방식으로든지 보답해 오게 되어 있다.

29세 때 상경하여 관광호텔 기술감독관, 아파트 시공 관리책임자 등으로 일하던 나는 33살 되던 해에 여덟 개의 기술 자격증과 그간의 경험을 토대로 돈 몇 푼 없이 '전기안전관리 대행업'을 시작했다. 대구 촌놈이 학연·지연·인맥 하나 없이 '눈 감으면 코 베어 간다'는 서울에 올라와서 영업하기란 하늘의 별따기만큼이나 힘이 들었다.

그래서 우선 인맥을 만들어야겠다는 생각으로 영등포구청 일대 아파트와 상계동 대로변을 주 무대로 삼고 무더운 여름날 엉덩이에 땀띠 나도록 승용차를 운전하고 다니며 샅샅이 빌딩 관리사무실 소장이나 건물주를 찾아다녔다. 처음에는 마음의 문을 열어 주지 않고 냉정한 박대만 수없이 당했다. 그럴 때마다 나는 나만 구세주처럼 믿고 바라보는 아내와 어린 자식의 얼굴을 떠올렸다.

"여기서 포기하면 내 인생은 끝장이다!"

나는 이를 악물고 다짐했다.

"죽기 아니면 까무러치기다! 벼랑 끝에 선 심정으로 뛰자!"

박대를 당하면 당할수록 나는 오기가 생겼다. 그래서 불굴의 도전 정신으로 이 빌딩 저 빌딩을 수없이 찾아다니며 귀찮을 정도로 전화도 하고 또 찾아가기를 여러 번 계속했다.

그러던 어느 날, 드디어 한 군데서 전화가 왔다. 그래서 설레는 마음으로 건물 관리소장을 찾아가니 한 마디 한다.

"이 사람 참, 집념이 대단하네. 꼭 성공하겠어!"

그 한 마디는 나에게 크나큰 힘과 용기를 주었고, 그 결과 지금에 이를 수 있었다. 타인의 마음을 움직이는 최고의 힘은 역시 전심을 쏟아 붓는 노력의 모습뿐이라는 사실도 이때 실감했다.

그동안의 경험에 의해 내가 터득한 '비즈니스 비법'을 정리하면 다음과 같다.

1. 얼굴에 철판을 덮고 좌우지간 찾아가서 만나라.

2. 사회적으로 성공한 사람들 가운데 의외로 외롭거나 의심 많은 사람이 많다. 이럴 때는 성실, 정직하고 인간적으로 다가가라.

3. 영업의 초점은 고객과의 미팅 건수로 잡는다 하루에 10번을 만날 수 있는 미팅의 달인이 되면 곧 영업의 달인이 된다.

4. 칭찬은 돈이 들지 않는 최고의 뇌물이다. 따라서 고객에게는 끊임 없이 칭찬해 주라.

5. 솔직하고 진지하게 상대방이 원하는 것이 무엇인지 성격을 파악한다.

6. 자신이 제공하는 서비스가 고객에게 문제해결에 도움이 된다는 것을 보여준다.

7. 상대가 얻는 이익을 간단하게 보여주라. 이해관계는 무엇보다 강력한 동기다.

8. 엘리베이터나 복도에서 누군가를 만나면 먼저 인사하며 미소를 건네는 습관을 기르자.

9. 상대의 이름을 기억하라. 상대방의 이름을 부를 때 작은 칭찬도 함께

전한다.

10. 다른 사람의 말에 진심으로 귀를 기울인다. 경청을 하게 되면 상대 방에 대해 좀 더 잘 알 수 있고 우호적인 관계를 맺을 수 있다.

11. 비즈니스맨은 고객의 관심사가 무엇인지 알고 좋은 정보를 소개시 키는 마음으로 영업하라. 그러려면 사전에 공부를 많이 하라.

12. 성공의 포인트는 역시 자기 분야에 대한 뛰어난 기술력과 더불어 끈끈한 인간관계다.

이 중에서도 가장 중요한 것은 역시 '얼굴에 철판을 덮고 좌우지간 가서 만나라'이다. 그러면 대부분의 사람들은 낯선 당신을 이방인 취급하며 거부의 화살을 쏠 것이다. 여기서 굴복하면 안 된다. 그래도 몇 번 더 찾아 가라. 그럼 화살은 점점 무디어지고, 굳게 닫혔던 성문은 조금씩 열리기 시작한다. 그리고 열정을 좇다 보면 당신의 꿈을 이룰 수 있다. 강조하건대 상대의 거절에 절대로 두려움을 가져서는 안 된다.

끝으로 비즈니스맨이나 세일즈맨이 가슴에 새겨야 할 중요한 공식 한 가지를 소개한다.

100-1=0, 100+1=200

이 공식은 무엇을 뜻할까?

그렇다. 1퍼센트 부족 때문에 0이 될 수도 있고, 1퍼센트의 정성으로 200이 될 수도 있다는 말이다. 즉 고객의 입장에서 생각하는 시각을 가지 고 있으면 감동을 준다.

성공하고 나서의 자기 이미지 관리

자, 모든 역경과 시련을 지혜롭게 극복하고 나서 당신의 목표를 달성했다고 하자. 나는 그때 당신이 또다시 무엇을 얼마만큼 얻을 수 있느냐보다는 당신이 어떤 사람이 되어 어떤 삶을 살아가느냐가 더욱 중요하다는 것을 강조하고 싶다.

세상에는 나름대로 자신이 성공했다고 자부하는 사람들이 많다. 그러나 그 이후의 삶을 올바르게 살지 못해서 패가망신 당하는 사람이 적지 않음을 볼 때 안타까운 마음을 금할 수가 없다. 돈의 유혹에 빠져 패가망신 당하는 정치인들, 권력에 현혹되어 정치판에 뛰어들었다가 패가망신 당하는 경제인들, 돈 때문에 자기 아버지나 아내, 또는 남편까지 죽이고 패가망신 당하는 사람들……. 이런 사람들은 모두가 지나친 욕심 때문에 빚어진 결과이다.

하루는 낚시꾼이 금빛을 띠고 있는 물고기를 잡았는데 그 물고기가 낚시

꾼에게 말했다.

"제발 저를 살려주세요. 그러면 당신의 소원 세 가지를 들어드릴게요."

그러자 그는 조건을 제시했다.

"소원 다섯 가지만 들어주면 너를 살려주마."

물고기는 서글픈 표정을 지으며 말했다.

"나는 세 가지 소원밖에 들어줄 수 없어요."

낚시꾼이 실망스럽다는 듯이 말했다.

"그럼 네 가지 반만 들어다오."

물고기가 거친 숨을 몰아쉬며 대답했다.

"세 가지밖에는……."

"좋다, 그럼 네 가지 소원만 들어다오."

그러나 물고기는 이미 숨이 끊어져 있었다.

인간의 욕심은 끝이 없다. 이미 많은 것을 얻었지만 거기에 만족하지 않고 더욱 많은 것을 원하게 되는 것이 우리 인간의 심리이다. 이러한 탐욕이 일상화될 때 우리 곁을 조여 오는 위험에 무너질 수밖에 없다. 인간은 탐욕의 절정에 이른 후 내리막길에서 비로소 자신을 바라보게 된다.

여기까지 도달하여 후회하기 전에 우리는 어느 정도의 자제력이 필요하다. 마음속에서 끝없이 분출되는 그 욕심을 모두 채우려다가는 그 욕심에 의해 눈과 마음이 가려져서 몰락의 길을 걸을 수 있기 때문이다.

따라서 당신이 원하는 목표를 이루었으면 무엇보다도 그것을 보존하려는 데 마음을 쏟아야 할 것이다. 그렇지 않고 끝없이 분출되는 그 욕심에 이끌려가다 보면 그동안 당신이 피땀 흘려 이룬 결실까지도 한꺼번에 무너질 수 있음을 명심해야 한다. 그 좋은 결과를 잘못 간수하다가는 오히려 그런 목표를 갖지 않음만 못하는 결과를 초래할 수도 있기 때문이다.

그래서 도종환 시인은 「단풍드는 날」이란 시에서 이렇게 노래하고 있다.

버려야 할 것이

무엇인지를 아는 순간부터

나무는 가장 아름답게 불탄다.

제 삶의 이유였던 것

제 몸의 전부였던 것

아낌없이 버리기로 결심하면서

나무는 생의 절정에 선다.

방하착放下着

제가 키워 온

그러나 이제는 무거워진

제 몸 하나씩 내려놓으면서

가장 황홀한 빛깔로

우리도 물이 드는 날.

이 시를 읽으며 당신은 무엇을 떠올리게 되는가?

내 인생의 가을이 오면

"세상에서 가장 즐겁고 행복한 사람은 평생 지속할 수 있는 일을 갖는 사람이고, 세상에서 가장 괴로운 사람은 일이 없는 사람이다."

세상을 사는 동안 일을 해야만 하는 것이 인간의 숙명이라면, 이왕 일하는 거 내가 정말 미치도록 좋아하는 일, 야심의 정열을 끓어오르게 하는 일, 내가 가장 잘할 수 있는 것, 즉 나만의 천직을 찾아 일할 때 정말 만족스럽고 행복한 삶을 살아갈 수 있다.

도전하는 데 나이를 탓하지 말자. KFC 창업자는 66세에 퇴직하고 닭튀김 하나로 세계적 기업을 만들었고, 독일의 대문호 괴테는 「파우스트」를 82세에 탈고하였으며, 6·25사변 때 맥아더 장군은 인천상륙작전 때 그의 나이 70세였다. 비전은 60세도 청년으로 만든다.

청춘이란 일생의 어떤 한 시기가 아니라

어떤 마음가짐을 뜻하나니

장밋빛 볼, 붉은 입술,

강인한 육신을 뜻하지 않고

풍부한 상상력과 왕성한 감수성과

의지력과

그리고 인생의 깊은 생에서 솟아나는

참신함을 뜻하나니

그대가 기개를 잃고

그대의 정신이 냉소주의의 눈과

비관주의의 얼음으로 덮일 때

그대는 스무 살이라도 늙은이가 되네.

그러나 그대의 기개가

낙관주의의 파도를 잡고 있는 한

그대는 여든 살로도

'청춘'의 이름으로 죽을 수 있네.

새뮤얼 울먼의 아주 유명한 「청춘의 참뜻」이란 시의 일부이다.

우리는 살면서 가끔 파릇파릇한 노인을 만나기도 하고, 진부하고 생기 없는 젊은이를 만나기도 한다. 젊은 정신세계를 가진 노인을 만나면 그의 백발마저도 멋지고 힘이 있어 보인다. 반대로 용기를 잃어버린 젊은이를 만나면 그의 신체에서는 생명력이 느껴지지 않는다.

가슴에 손을 얹고 한번 생각해 보자. 당신의 정신이 냉소주의의 눈과 비관주의의 얼음으로 뒤덮여 있지는 않은지. 그래서 스스로 세월보다 먼저 늙어가고 있는 건 아닌지 생각해 보자.

평생토록 일할 수 있는 직장이 없다면 어느 한 분야의 프로가 되어 평생 직업을 만들자. 예컨대 나만의 청소 비법으로 청소 대행업을 창업하여 대박을 터뜨린 사람도 있지 않은가.

한번 생각해 보자. 평범한 직장인들의 경우 이미 인생의 1/4을 교육받는 데 썼고, 또 다른 인생의 1/4은 평범한 조직의 일원으로 낙타와도 같은 삶을 사는 데 쓰고 있다. 그리고 인생 중반기에 회사를 그만두고 나와 인생의 또 다른 1/4을 불러주지 않는 사회를 원망하며 허송세월을 보내기 십상이다. 그리고 마지막으로 나머지 인생의 1/4은 모든 걸 체념하고 누구 하나 주목해 주지 않는 어두운 노년으로 보내게 될 것이 불을 보듯 뻔하다.

특기가 없다는 것은 위험한 일이다. 지극히 평범한 사람이라도 자신이 지금 하고 있는 일에서 나만의 특징을 찾을 수 있고, 적어도 한 가지 분야에는 통달할 수 있다. 그 한 가지가 그 사람을 특별한 인간으로 만든다. 그 한 가지가 노년의 삶을 풍요롭고 아름답게 만들어 준다.

노년에 자식 의존할 생각은 아예 하지도 말자. 자식도 결혼하면 남이다. 다른 사람을 믿지 말고 내 자신을 믿고 내 자신에게 의존하자.

작자 미상의 「어느 노모의 푸념」이라는 제목의 글이 가슴에 와 닿는다.

나이 들고 병들어 누우니 잘난 자나 못난 자나 너나없이 남의 손 빌려 하루를 살더이다.
당당하던 그 기세, 그 모습은 허망하고 허망하구려.
내 형제 내 식구가 최고인 양 남을 업신여기지 마시구려.
그래도 살아 있어 남의 손에 끼니를 이어가며 똥오줌 남의 손에 맡겨야 하는구려.

피 한 방울 섞이지 않은 형제, 식구 아닌 바로 그 남이 어쩌면 이토록

고맙지 않소.

웃는 얼굴로 따뜻한 미소 지으며 날 이렇게 잘도 돌봐주더이다.

아들 낳으면 일촌이요, 사춘기가 되니 남남이 되고

대학 가면 사촌이 되고 군대 가면 손님이요

군대 다녀오면 팔촌이더이다.

장가가면 사돈 되고 애 낳으면 내 나라 동포요, 이민 가니 해외동포 되더이다.

장가간 아들은 희미한 옛 그림자 되고

며느리는 가까이 하기엔 너무 먼 당신이요

자식을 모두 출가시켜 놓으니

아들은 큰 도둑이요 며느리는 좀도둑이더이다.

그리고 며느리를 딸로 착각하지 말고, 사위를 아들로 착각하는 일 마시오.

인생 다 끝나가는 이 노모의 푸념이 한스러울 뿐이구려.

또한 나이가 먹을수록 건강관리에 신경을 써야 한다. 돈을 잃으면 인생의 절반을 잃은 것이요, 명예를 잃으면 많은 것을 잃은 것이요, 건강을 잃으면 인생의 모두를 잃은 것이란 말이 있다. 늙어서 석 달만 한번 앓아누워 있어 보라. 아무리 애지중지하며 키웠던 아들딸도 당신을 바라보는 눈빛이 달라진다. 그래서 나는 나이가 먹어갈수록 건강관리에 신경을 많이 쓰고 있다. 나는 어릴 때부터 허약체질이었고, 청년기에는 술과 담배로 몸을 망가뜨려 큰 수술만 4번! 이런 상태에서 건강을 유지하자면 좋은 웰빙 습관이 필요했다.

우선 식습관으로는 고기 대신 생선과 유기농 농산물을 즐기고, 밥은 반드시 5곡 이상을 넣고 지어 소식한다. 아침에는 신선한 야채, 과일, 건과류,

야쿠르트 등을 섭취하고, 외식보다는 가정에서 아내가 직접 만들어 주는 슬로푸드를 즐겨먹는다.

그리고 육체나 정신건강을 위해 여행, 등산, 독서, 영화감상, 클래식 음악 듣기, 뮤지컬 콘서트 등의 취미생활을 하고 있다. 물론 건강한 삶을 영위하기 위해 소식, 절제, 싱겁게, 규칙적인 식사, 운동은 기본이다.

사람이 사는 데 필수적인 다섯 가지 활력징후로 혈압, 맥박, 호흡수, 체온, 통증이 있다. 이 다섯 가지 요소가 항상 정상범위 안에 있어야 하는데, 만일 이 중에서 한 가지라도 이상이 생기면 즉시 전문의에게 달려가 근원을 치료받아야 한다.

나는 비즈니스로 인해 찌든 마음을 정화시키기 위해 마음에 와 닿는 시를 읽거나 음악을 들으며 명상을 즐기곤 한다.

「청산은 나를 보고」 (나옹선사)
청산은 나를 보고 말없이 살라 하고
창공은 나를 보고 티없이 살라 하네
사랑도 벗어 놓고 미움도 벗어 놓고
물같이 바람같이 살다가 가라 하네.
청산은 나를 보고 말없이 살라 하고
창공은 나를 보고 티없이 살라 하네
성냄도 벗어 놓고 탐욕도 벗어 놓고
물같이 바람같이 살다가 가라 하네.

이렇게 마음에 와 닿는 글을 읽으면 마음이 정화되면서 심신이 편안해진다. 그리고 분노는 건강의 적이다. 분노가 다른 사람에게 아무리 해를 끼친다 해도 그것은 누구보다 분노하고 있는 본인에게 더 해롭다. 분노는 반드시 그것을 불러일으킨 상대의 행위 이상으로 유해하다.

분노는 중독성이 있어서 한번 화를 내면 계속 화가 난다. 원래 화가 나면 뇌신경이 흥분하고 스트레스호르몬 코르티솔이 흘러나온다. 그러면 심장은 더 빨리 뛰고 두근거리며 호흡이 가빠진다. 이는 정상적인 반응이지만 분노중독에 빠진 사람은 신경계통이 남들과 다르게 변해 사소한 자극에도 교감신경계가 강한 흥분반응을 일으킨다. 이런 일이 반복되면 결국 심장병, 고혈압, 동맥경화, 소화장애와 같은 질병을 겪게 된다. 즉 화를 자주 내면 일찍 죽는다. 뇌세포도 손상되어 뇌가 위축된다. 따라서 건강을 바꿀 만큼 화를 낼 필요가 없다면 분노를 삭이고 용서해야 한다.

세네카는 "우리는 화낼 일이 많은 세상에 살고 있다. 즉 분노를 다스리는 법을 배우지 않으면 분노할 일이 끊이지 않는다. 화를 낸다는 것은 귀중한 시간을 낭비하는 것이다."라고 말했다.

「톰소여의 모험」, 「허클베리 핀의 모험」 등으로 우리에게 친근한 마크 트웨인은 문학적 업적으로도 잘 알려져 있지만 그에 못지않게 불같은 성격으로도 유명하다. 욱하는 성격이었던 그는 일단 화를 내면 누구도 말리지 못할 정도로 맹렬했다고 한다.

그는 누군가에게 화가 나면 상대방을 맹렬히 공격하는 편지를 썼다. 그리고 그 편지를 서랍 속에 넣어두었다가 만약 사흘이 지난 후에도 여전히 상대방에 대한 화가 가라앉지 않으면 그때 그 편지를 보냈다고 한다. 하지만 보통 그때쯤이면 화가 가라앉아 있는 경우가 많았고, 그러면 그는 그 편지를 찢어서 휴지통에 버렸다고 한다. 비록 불같은 성격의 소유자였지만 그는 이런 미덕들 덕분에 자제력을 발휘할 수 있었다.

즉 그가 분노를 쏟아낸 편지를 보냈든 혹은 보내지 않았든, 그 편지와 사흘이라는 시간은 그에게 마음이 평형을 가져다주는 수단이었던 것이다. 그리하여 사흘을 기다린 다음 냉정해진 머리로 그 편지를 어떻게 처리할 것인지 결정함으로써 자신의 화를 다스리는 현명한 방법을 선택한 것이다.

분노가 생기면 스스로 세 가지 질문을 던져 보라.

먼저 화를 내는 이유가 '내 건강과 바꿀 만큼 중요한 일인가' 자문해 본다.

둘째로 화를 내는 것이 '정당한 분노인가' 따져본다. 화가 난 것은 다른 사람 때문인데, 엉뚱한 사람에게 화를 내는 경우가 많다. 강자에게 화가 난 것을 약자에게 푸는 것이다. 정당하지 않은 화는 부끄럽고 후회스러운 결과를 낳는다.

세 번째로 '그게 가장 효과적인 방법인가', '나에게 어떤 이득과 손실을 가져다 줄 것인가' 반문해 본다. 분노하고 화를 내는 것은 누구나 할 수 있는 쉬운 일이다. 그러나 올바른 방법과 목적으로 화를 내고 용서하는 것은 매우 어려운 일이다.

내 탓을 잘하는 사람이 발전도 하는 법이다. 남 탓하기 전에 내 탓부터 하자.

파스칼의 「행복」이라는 시를 끝으로 글을 마치겠다.

불행의 원인은 늘 내 자신이 만드는 것

몸이 굽으니까 그림자도 굽는다

어찌 그림자가 굽은 걸 한탄할 것인가

나 이외의 누구도

내 불행을 치료해 줄 수 없다

내 마음이 불행을 만들고

불행이 나를 만들 뿐이다

내 자신만이 불행을 치료할 수 있다
평화로운 마음을 가져라
표정이 평화로워질 것이다

파스칼의 말처럼 '몸이 굽었으니까 그림자도 굽는 법'이다. 곰곰이 생각하게 하는 구절이다. 너무나 잘 알면서도 실천하지 못하는 진리를 파스칼이 가르쳐 주는 듯하다. 사실 내 삶의 원인 제공자는 바로 내 자신인 경우가 많다.

그리고 마지막으로 남편들에게 꼭 해주고 싶은 말이 있다. 늙어서 설움받지 않으려면 젊을 때 아내에게 잘해 주자! 그런 의미에서 아내와 함께 잠자리에 나란히 누워 있을 때 아내의 귀에 대고 이런 시라도 한 편 읊어 주면 어떨까싶다.

사랑하는 까닭

-한용운

내가 당신을 사랑하는 것은
까닭이 없는 것은 아닙니다
다른 사람들은 나의 홍안紅顔만을 사랑한다지마는
당신은 나의 백발도
사랑하는 까닭입니다

내가 당신을 그리워하는 것은

까닭이 없는 것은 아닙니다

다른 사람들은 나의 미소만을 사랑하지마는

당신은 나의 눈물도

사랑하는 까닭입니다.

내가 당신을 기다리는 것은

까닭이 없는 것이 아닙니다.

다른 사람들은 나의 건강만을 사랑하지마는

당신은 나의 죽음도

사랑하는 까닭입니다.

나는 가끔 일하다가 아내가 떠오르면 지그시 눈을 감고 이 시를 낭송하곤 한다. 장기이식 두 번, 심장 수술, 그 외의 수많은 잔병들을 친구처럼 몸에 달고 살아가는 남편의 병수발을 위해 온갖 고생 마다하지 않은 아내를 생각하면 마음이 애잔해진다. 이 기회에 늘 고맙고 감사하는 이내 마음을 이 시에 담아 나의 사랑하는 아내에게 바친다.

인생의 종점, 망우리 공동묘지

나는 가끔씩 활력을 찾고자 하면 남대문시장과 같은 재래시장을 찾아가고 스트레스와 고독, 외로움, 삶의 허무함 등등 내 삶의 무늬를 찾고자 할 때는 망우리 공동묘지를 찾곤 한다. 잘난 사람이나 못난 사람이나 자연으로 돌아가는 곳, 솔바람 소리조차 스산한 이곳을 걷다 보면 잠시 철학자가 된다.

서울 최대의 공동묘지에서 솔바람 소리 들으며 말없이 늘어서 있는 수많은 비석들……. 죽음의 세계에 들어선 그들이 살아 있는 우리에게 하고 싶은 말은 무엇일까?

사형수에게는 일분일초가 생명 그 자체로 실감된다고 한다. 그에게는 내일이 없기 때문이다. 그래서 늘 오늘을 살고 있는 것이다. 그런데 우리는 오늘에 살고 있으면서도 곧잘 다음날로 미루며 내일에 살려고 한다. 생명의 한 토막인 하루하루를 소홀히 낭비하면서도 뉘우침이 없다. 일상이 지겹게 느껴지는 사람들은 때로는 이곳 '인생의 종점'에서 자신의 생을 조망

해 보는 일도 필요하다.

항상 자신의 삶이 어디로 가고 있고 무엇을 향해 가고 있는지 물을 수 있어야 한다. '나는 누구인가?' 간절하게 거듭거듭 물어야 하고, 이 원초적인 물음을 통해 늘 중심에 머물러 있어야 한다.

나는 파란 가운을 입고 중앙수술실로 실려 갈 때마다 문득문득 죽음을 생각하곤 했다. 그럴 때마다 죽음이 큰 이별을 의미한다 싶어 두려웠다. 죽음을 통한 이별은 만나고 싶을 때 만나지 못하고 보고 싶을 때 보지 못하게 한다. 아무리 보고 싶어도 만날 수 없고, 아무리 찾아가고 싶어도 찾아갈 수 없는 게 바로 죽음이다. 죽음이 아픈 것은 결국 만나고 싶을 때 만날 수 없기 때문이다.

우리는 만남을 너무도 기뻐한 나머지 이별을 깜빡 잊고 살아간다. 그래서 죽음을 통한 이별을 생각하면 할수록 더욱 두렵고 가슴 저리고 아득해진다.

오늘을 사는 우리의 삶은 늘 죽음을 통한 이별의 연속이다. 생각해 보면 이별은 우리 삶의 일상이자 본질이다. 서로 사랑할 때는 영원히 함께 있을 것 같지만 그것은 착각이다. 서로 사랑하는 지금 이 순간이 중요하다. 사랑은 오늘 하는 것이지 내일 하는 것이 아니다.

나는 이제 이별을 받아들이는 마음을 지니고 하루하루를 살고자 한다. 영원히 함께 살 수 있다는 생각을 버리고 오늘 하루의 만남에서 영원을 찾고자 한다. 겹겹이 쌓인 인연도 한 번은 이별해야 하기 때문이다.

나의 삶, 나의 투쟁

벼랑 끝에서 희망을 노래하다

어릴 때부터 지겹도록 따라다니던 소아마비와 언어장애 콤플렉스……. 이를 어렵사리 극복하며 헤쳐 나가는 중에 설상가상으로 몰아닥친 2회에 걸친 신장이식 수술과 생사를 넘나드는 심장우회수술……. 그 후에도 온전치 못한 몸을 이끌고 매진하여 자신의 목표를 이뤄내고, 또다시 숨을 헐떡이며 또 다른 목표를 달성하기 위해 도전하는 사람이 이 책을 쓴 필자라면 믿겠는가? 내일이 불확실하고 격변하는 이 시대를 살아가는 사람들에게 용기와 희망의 메시지가 되었으면 하는 마음으로 지나온 나의 '삶의 투쟁사'를 소개할까 한다.

고난은 나의 도전

두 살 때 아버지를 여읜 나는 경북 영덕의 한 시골에서 어머니와 함께 살다가 초등학교 5학년 때 대구로 전학을 했다. 그리고 중학교에 입학해서는 자취를 시작했는데, 그 당시엔 반찬이라고 해봤자 몽고간장과 참기름만 있으면 최고였다. 그러다 보니 커다란 냉장고 안에다가 고기와 맛있는 음식을 가득 채워놓고 배불리 먹는 것이 내 꿈이었다.

중학교를 졸업하고 야간 공고에 입학한 나는 가정형편이 어려워 학자금을 마련하고자 한겨울의 새벽 칼바람 속을 달리며 신문배달을 해야만 했다. 선생님의 알선으로 고교 졸업 전에 나사못을 만들어 수출하는 영세 공장에 취업한 나는 한겨울의 강추위를 참아내며 난로조차 없는 곳에서 격일제 일을 했다.

자정이 넘어 잠시 눈을 붙이는 시간이었다. 새벽에 화장실을 가기 위해 일어나 보니 공장바닥은 온통 시체 집하장이었다. 차가운 시멘트 바닥에 멍석을 깔고 누워 그 위에 또 한 장의 멍석을 이불 삼아 머리까지 뒤집어 쓴 채 잠을 자고 있는 모습을 본 나는 섬뜩했다. 그 후 나는 회사를 그만두고 프레스공장에 취업을 했는데, 그곳에서 또 한 번 크나큰 충격을 받는 일이 발생했다. 동료의 손이 기계에 잘려나가는 끔찍한 사고 장면을 두 눈으로 목격한 것이다.

어린 나이에 다시 한 번 크게 충격을 받은 나는 결심했다.

"이곳은 내가 머물 곳이 아니야. 그래, 공부를 해서 자격증을 따자!"

그때의 그러한 경험들로 인해 공부를 해야겠다는 강렬한 욕망이 잠재의식 속에 스며들면서 변화의 동기가 되었던 것 같다.

좀 창피한 이야기지만 나는 초등학교 5학년 때까지도 한글을 깨우치지 못했다. 그런데 전학 온 후 얼마 지나지 않아 학교에서 IQ 검사가 있었던 것이다. 한글을 모르는 나는 문제를 읽어보지도 못하고 무조건 '찍기'만 했다.

그 결과 IQ 65라는 두 자리 숫자가 나왔고.

그 후로 나는 IQ 수치를 절대 믿지 않는다. 성공신화를 이룰 수 있는 밑바탕은 IQ가 아니라 남의 말에 항상 귀 기울이며 듣고, 다양한 경험을 쌓아 깨우치고, 변화를 두려워하지 않는 도전정신과 열정이다.

전문대학교를 졸업하기 전에 경주에 있는 한 신축 호텔에 취업했다. 취업 후 첫 월급을 받고 보니 회사생활이 너무나도 즐거웠다. 학교에서는 맨 꼴찌를 맴도는 열등생이었지만 사회에서는 우등생이 되어 대기만성 형이 되겠노라 다짐했다.

나는 특급관광호텔 신축 현장 기술 감독관으로서 네 곳이나 준공을 시켰다. 그리고 이후에도 목표를 세워 온갖 노력을 기울인 끝에 소정의 목표를 이루고 오늘에 이를 수 있었다.

열정은 행운을 부른다

1980년대에 나는 취업을 하기 위해 대구에 있는 공단과 경상도 일원에 이력서를 수없이 제출했다. 취업할 때 이력서만 제출한 것이 아니라 간절히 원하는 데는 직접 현장 책임자를 찾아가서 나에 대해 피력하곤 했는데, 그 결과 열정이 통했는지 그다지 어렵잖게 취업할 수 있었다.

그러나 나는 한 회사로 만족하지 않고 다양한 기술을 배우기 위해 회사를 옮겨 다녔는데, 그때마다 취업하기가 너무나도 어려웠다. 그래서 취직을 쉽게 하기 위해 자격증 공부를 시작했다. 자격증을 성공의 무기로 사용하기 위함이었다. 그 결과 나는 열관리, 위험물, 고압가스, 환경기사, 전기, 소방, 산업안전, 공조냉동기사 등의 자격증을 여덟 개나 취득했다.

나는 그것으로 멈추지 않았다. 어느 곳을 가든지 실무 경험이 풍부한 실력 있는 자만이 인정받을 수 있다는 생각으로 부지런히 실무 경험을 쌓았다. 경험은 바보라도 현명하게 만든다고 하지 않았는가.

수학은 겨우 분수 정도밖에 몰랐던 내가 이처럼 기술 자격증을 여덟 개나 취득할 수 있었던 건 작은 것부터 하나씩 단계적으로 세운 목표를 달성함으로써 자신감이 생겨났기 때문이다.

내 인생 처음으로 집중한 자격증 공부는 하루 12시간 이상 몰입하여 혼신의 노력을 하다 보니 어느 시점에 머릿속에서 의식혁명이 일어나 전혀 다른 형질의 인간으로 변화되는 것을 느낄 수 있었다.

자신이 진정으로 바라는 소원을 마음속에 품고 그것을 성취하기 위한 구체적인 계획을 세우고 끈기 있게 노력하는 자만이 소원을 이룰 수 있다. '하늘은 스스로 돕는 자를 돕는다'는 말처럼 강한 집념과 인생을 건 노력만이 원하는 것을 소유할 수 있고 원하는 존재가 될 수 있게 해 준다는 사실을 나는 경험을 통해 절실히 깨달았다.

독서는 나의 혁명

미국의 링컨 대통령이 정규교육을 받은 것은 전 생애를 통틀어 1년도 되지 않는다. 하지만 자신의 집에서 반경 50마일 이내에 있는 책이란 책은 모두 빌려서 읽었다고 한다. 밤에는 장작불빛 옆에서 책을 읽었고, 아침에 눈 뜨기가 무섭게 독서에 열중했다고 한다. 개그우먼 조혜련 씨의 경우, 죽고 싶을 정도의 심한 우울증을 독서의 능력으로 자아를 찾고 극복했다고 한다.

'가난, 열등생, 현실 부적응자, 반항아, 문제아…….'

이는 아무런 희망도 없고 더 이상 바닥을 칠 수 없을 만큼 막장에 다다랐던 청소년 시절의 나를 둘러싼 수식어들이다.

그러던 나는 그 어떤 계기로 인해 20대에 들어서서야 처음으로 책을 손에 잡았다. 그때 읽었던 책의 내용은 바로 '40세 이전에 반드시 한 번은 열공을 해야만 꿈을 이룰 수 있다'는 것이었는데, 나는 그 책을 읽고 나서 서서히 마음속으로 변화가 일기 시작했다. 부모·형제·친척도 포기하여 인생의 위기감이 엄습해 오던 때에 책 한 권이 내 인생에 변화의 시발점이 되었던 것이다.

책은 생각의 힘을 배양하여 행동케 함으로써 좋은 습관이 되어 인생을 바꿀 수 있다는 것을 깨우치게 했다. 그 후로 나는 책 읽기를 즐기게 되었고, 그 결과 웬만한 고전이나 성공에 관한 책은 거의 안 읽은 책이 없을 정도가 되었다.

독서는 나의 멘토가 되어 자기계발 동기부여로 내 삶에 혁명을 일으켰고, 학교에서는 울타리가 있지만 사회에서는 살아남기 위해 책을 읽어야만 했다. 책은 나의 습관과 본성을 바꾸게 해 주었고 혹독한 시련을 견딜 수 있는 자양분이 되었다.

삶은 나의 투쟁

다섯 살 때 소아마비로 인해 온몸이 마비상태가 되었던 나는 어머니의 지극정성으로 다행히도 큰 장애를 면하게 되었다.

그러나 소아마비후유증으로 초등학생 때부터 심한 말더듬 증상이 생겨

학창 시절 내내 고통의 연속이었다. 열등의식으로 인해 공부는 점점 멀어져만 갔다. 학교생활과 사회생활을 하면서 상대에게 무슨 말을 전하고 싶어도 단지 생각 속에서만 맴돌 뿐 나의 말은 이슬이 되어 사라지고 말았다. 그럴 때마다 나는 심한 자괴감이 들었다.

'차라리 벙어리라면 말하는 걸 포기라도 하련만……'

내게 있어서 학창 시절은 열등의식과 싸우며 소심하고 문제아로 보냈지만 사회생활만큼은 '내 처음은 미약하나 내 나중은 반드시 승리하리라'는 굳건한 마음가짐으로 임했다. 직장생활을 하면서도 열정과 긍정의 정신으로, 그리고 주인정신으로 일했다. 그 결과 창의력이 생겨 직장에서 인정을 받게 되었고, 행운의 여신이 나에게 찾아와 사회의 우등생이 될 수 있었다.

1987년, 우리 부부는 신혼생활을 서울 암사동의 연탄 피우는 보증금 500만 원짜리 아파트에서 시작했다. 그리고 큰 꿈을 이루기 위해 노력하던 중, 만성신부전증으로 인해 혈액투석을 하게 되었다. 주 2회 7시간 이상이나 투석을 하다 보니 물과 음식을 마음껏 먹을 수도 없고 직장에 눈치도 보이고 하여 고난의 연속이었다.

1988년, 올림픽이 개최되던 해에 누님의 신장을 이식 받았다. 신장이식 수술비는 우리 집 전세금의 일부와 형제들의 도움을 받아 충당했다. 집은 하남시 신장동의 200만 원짜리 골방을 얻어 이사했다.

수술 후에는 면역이 없어 1년간 휴식을 취해야만 했다. 병마로 인해 어려운 살림에 회사마저 그만두고 보니 앞으로 살아갈 일이 막막하기만 했다. 한 달 약값이 50만 원이 넘었다. 아내는 생활비를 마련하기 위해 봉제공장에 나갔다. 앞길이 막막한 상태로 1년을 버티다 보니 정말이지 죽지 못해 사는 처지가 되었다. 희망이라곤 눈곱만큼도 없어 보였다.

어려움은 곱으로 오는가보다. 그 당시 나는 1년간 휴식을 마치고 남대문의 한 건설회사에 출근하고 있었는데, 집주인이 월세를 놓는다고 방을 비워 달란다. 하늘이 무너져도 솟아날 구멍이 있다고 했던가! 이 사실을 알게 된 사장님이 고맙게도 선뜻 전세금을 마련해 주셔서 그 돈으로 관악구 신림동에 지하 단칸방을 얻어 숨 가쁜 나날을 살아가고 있었다.

1999년, 설상가상으로 신장이식 이후 약의 여파로 심장동맥이 모두 막혀 심장 우회수술을 하게 되었다. 수술을 하고 난 그 이튿날 병원 중앙 회복실에서 마치 천상의 목소리와도 같은 소리가 아스라이 들려왔다.

"눈을 좀 떠 보세요."

그 소리에 천근만근이나 되는 눈을 어렵사리 떠 보니 나를 내려다보고 있는 아내의 얼굴이 희미하게 보였다. 이때 내 눈에 보이던 아내의 고운 모습과 내 손을 꼭 잡고 있는 아내의 따스하고 부드러운 손길을 나는 아직도 잊을 수가 없다.

나는 아내가 잡아 준 손길을 느끼며 안도의 숨을 내쉬었다.

"아, 살았구나!"

그때 일만 생각하면 지금도 감격스러워서 눈시울이 뜨거워지곤 한다. 그리고 아내의 마음을 헤아려 한평생을 두고 애처가로 살아가리라 마음 먹게 된다.

2003년, 심장수술로 인한 고체온 여파로 또다시 친구의 신장을 재차 이식 받았다. 수술 후에는 면역이 없는 탓에 거부반응을 일으켜 여러 차례 입원했는데 감기에 걸리거나 소변만 적게 나와도, 또 심장에 조금만 이상한 느낌이 들어도 항상 초긴장 상태였다. 심장 수술 후에는 너무도 고통스러운 나머지 밤새도록 기독교 방송을 청취하곤 했다. 그 계기로 기독교에 귀의, 지금은 교회 집사로 범사에 감사하는 생활을 하고 있다.

생사를 넘나드는 경험을 몇 번 하고 나서야 나는 비로소 '삶은 감동이며 감사'라는 것을 깨닫게 되어 길가의 풀꽃조차 유심히 바라보게 된다.

지금 생각해 보면 내게 그런 콤플렉스들이 있었기 때문에 오늘의 내가 있지 않았나 싶다. 내게 그런 콤플렉스가 없었다면 콤플렉스를 극복하기 위해 인고의 노력을 하지도 않았을 것이고, 치열한 삶의 투쟁도 하지 않았을 것이다. 나는 이 모든 콤플렉스들을 긍정의 마음과 낙천적인 성격으로 견뎌냈다.

고통은 나의 창조

1997년 IMF 전에 부동산 투자를 했다가 IMF의 직격탄을 맞고 빚더미에 올라 앉아 하루하루가 생지옥이었다. 자살하는 사람의 심정이 어떤지 알 수 있을 것 같았다. 그러나 나는 절망하지 않고 '반드시 해결된다'는 긍정의 마음으로 희망의 끈을 절대 놓지 않았다. 그때 나는 지푸라기라도 잡는 심정으로 점쟁이를 찾아 갔는데, 점을 보는 순간 마귀에게 내 영혼의 주인 됨을 포기하는 결과로 돈만 날리고 말았다. 불안을 조장하는 점쟁이의 술수에 말려들었던 것이다.

부동산 투자 실패로 인한 스트레스로 건강이 더욱 나빠지고 말았지만, 실패를 경험하고 나서야 비로소 '과욕과 무지는 저승으로 가는 고속도로'라는 사실을 절실히 깨달았다.

에머슨은 말했다.

"오늘의 일은 오늘 해와 함께 그치게 하라."

일하는 동안에 때로는 실패나 과오도 있을 수 있다. '어제는 부도수표, 오늘은 현찰, 내일은 약속어음'이라는 말이 있다. 지금 이 순간이 가장 중요하다. 내일은 새로운 하루가 시작된다.

또 삼금 중에 황금, 소금보다 '지금' 이 순간을 자기 것으로 만들어야 내일도 자기 것으로 만들 수 있다. 대나무가 휘어지지 않고 똑바로 자랄 수 있는 것은 줄기의 중간 중간을 끊어 주는 '시련'이라는 마디가 있기 때문이다.

'현실은 나의 스승', '고통은 나의 창조'라는 말은 오늘을 살아가는 우리에게 새로운 활력소를 제공해 준다.

실패 경험은 내 자신을 재발견하게 했고, 시련은 나의 단련이 되어 도전하게 하는 촉매제가 되었다. 실패의 원인은 알고 보니 밖에 있는 것이 아니라 바로 내 안에 있었다. 이를 거울삼아 나는 흘러가 버린 과거의 실패에 매달리지 않고 미래를 행해 오늘도 열정적으로 투쟁하고 있다.

인생은 새옹지마

'인간만사 새옹지마'라는 말처럼 나는 건강 문제 때문에 사업을 시작하게 되었다. 1차 신장이식을 한 후 건설 현장의 기술 감독관으로 직장생활을 하고 있을 때 수술 후의 면역 상태가 첫돌박이 어린아이 수준이라서 수시로 통원치료와 입원치료를 받게 되다 보니 미래를 생각하지 않을 수 없어 어려운 결단으로 1992년에 '전기안전관리'란 사업을 시작했다.

사업 초기 3년 동안은 건강과 점심식사도 잊은 채 서울 전역의 빌딩과 상가, 용역회사 등을 찾아다니며 인맥 쌓기에 매진하였다. 인맥이 전무한 시골 출신이다 보니 최우선적으로 인맥 쌓기와 인간관계가 비즈니스의 성패를 좌우한다고 생각했기 때문이다.

그야말로 영업을 하기 위해 엉덩이에 땀띠가 나는 것도 모른 채 돌아다녔다. 영업 비법은 하루에 10곳을 찾아갔고, 나중에 또다시 그 10곳을 찾아가고, 그중에서 가능성이 있는 곳을 압축하여 한 곳을 집중적으로 공략함으로써 결국 계약을 따내곤 했다.

이는 반드시 해내고야 말겠다는 분명한 목적의식과 끈기의 결과였으며, 가장 중요한 것은 문전박대에도 굴하지 않고 들이대는 배짱, '쉽게 포기하지 않는 근성, 긍정적인 마인드가 오늘의 나를 만들었다. 나의 경험으로 볼 때, 뼈아픈 것을 경험해 보지 않고서는 결코 비즈니스를 할 수 없다는 게 내 지론이다.

지금 우리 회사의 수용가 고객 수는 800여 곳이나 되어, 25명의 전 직원이 한마음 한뜻으로 서울 구석구석을 누비며 전기안전을 책임지고 있다. 그러나 나는 매일매일 경계를 늦추지 않고 있다. 사업은 조금만 경계를 늦추어도 금세 어려운 처지에 놓이게 되고, 항상 변화를 두려워하는 마음을 경계해야만 끊임없이 발전할 수 있기 때문이다.

사람은 누구에게나 한 가지쯤은 콤플렉스가 있다. 하지만 그 콤플렉스로 인해 절대로 좌절하거나 낙심하지 말자. 나는 콤플렉스를 극복함으로써 나를 이겨내는 하나의 기회로 삼았다. 나의 경우, 많은 콤플렉스가 있었지만 나는 나의 가장 약한 부분을 사랑한다. 나의 큰 약점을 작게 생각하고, 감추기보다는 드러내 놓고 살펴본다. 어쩌다가 자기비하의 마음이 생기면 그 마음을 자기애의 마음으로 곧 전환시킨다. 나의 가장 약한 부분을 사랑할 때 자신감이 생기고 콤플렉스를 극복할 수 있었다. 다시 말해 콤플렉스가 친구요, 경쟁력이 되었고 나의 투쟁사가 되었던 것이다.

내가 이 책을 내게 된 것도 콤플렉스를 완전히 내려놓고 새로운 도전을 하기 위함이다. 나의 새로운 도전은 심한 말더듬을 극복한 그리스의 대웅변가 데모스테네스처럼 명연사가 되어 청소년 학생들, 젊은이들에게 집중과 선택, 의식혁명의 전도사가 되어 인생 후반전을 봉사하는 삶을 살고자 하는 것이다.

희망의 노래

어느 날 심리학자들이 쥐를 가지고 실험을 했다. 독 안에 쥐를 집어넣고 빛을 완전히 차단했을 때 쥐는 3분밖에 살지 못했지만, 계속해서 빛을 비춰 준 쥐는 36시간이나 생존이 가능했다. 캄캄한 독 안에서 3분 만에 죽은 쥐는 체력이 쇠하여 죽은 것이 아니라 절망하여 죽었다는 것이 과학자들의 결론이다.

나치 수용소의 처참한 고통을 이겨내고 살아난 심리학자 빅터 프랭클은 그의 저서 『의미를 찾는 인간의 탐색』에서 이렇게 말하고 있다.

"나치 수용소의 말할 수 없는 잔인한 고문과 무서운 형벌, 비인간적 학대 속에서 나를 생존하게 만든 것은 바로 희망이었다."

시대의 영웅 알렉산더 대왕은 군대를 이끌고 그리스를 떠나기에 앞서 부하 장수들이 안심하고 싸움터로 떠날 수 있게 하기 위해 자기가 아껴 오던 보물이며 토지를 모두 부하들에게 나누어 주었다. 이를 보고 한 신하가 물었다.

"폐하께서는 어찌하여 보물들을 모두 부하들에게 나누어 주시는지 모르겠습니다. 그러시면 폐하의 보고가 텅 비지 않겠습니까?"

알렉산더 대왕이 말했다.

"나는 내가 가지고 있는 보물을 모두 나눠 주고 있는 것이 아니다. 내가 가장 아끼고 있는 보물만은 어떤 일이 있더라도 포기하지 않겠다."

"그럼 대체 폐하께서 가장 아끼시는 보물은 무엇입니까?"

그러자 알렉산더 대왕은 이렇게 말했다.

"그것은 다름 아닌 '희망'이다. 희망이 있었기 때문에 비로소 오늘의 내가 가능했던 것이다."

지금 우리가 여러 가지 문제로 힘겨운 삶을 살고 있다 하더라도 우리에게는 아직 희망이 남아 있다. 꿈과 희망이 없는 사람은 단지 '움직이는 물체'일 뿐이다. 꿈이 없는 사람은 사막과 같이 삭막한 인생을 살고 있을 뿐이다. 비전이 있는 사람은 희망을 소유한 사람이다.

그러나 희망이 그저 희망으로 끝날 때 그것은 무의미한 환상으로 귀결된다. 희망은 실현될 때에만 비로소 그 진정한 의미를 갖게 된다. 그 희망을 현실로 끌어들이기 위해 최선을 다하자. 마라톤 경기의 결승점을 통과한 선수에게 아직도 뛸 힘이 남아 있다면 경기에 최선을 다한 것이 아니다. 이 세상에 모든 것을 투자하고 남겨 놓은 것 없이 가야 하는 것이 인생이다.

박노해 시인은 '희망'을 이렇게 노래하고 있다.

"하루하루 구체적인 생활 속에서 희망의 뿌리를 착실하게 키워가는 사람은 그 자신이 희망입니다."

희망은 바로 생존의 근거이다. 이제부터 우리 모두 마음속의 희망이 움터 아름드리나무가 될 때까지 희망의 뿌리를 부지런히 가꿔나가 보자.
이 책을 끝까지 읽어 준 독자 여러분에게 진심어린 감사를 드리며 건투를 빈다.

이장락

『긍정의 힘』 2탄
공저자를 모집합니다!

개요

1. 공동 저자: 총 36명

2. 책 전체 분량: 380쪽 내외(1인당 10쪽 내외)

3. 원고 분량: A4용지 5장(글자크기 10포인트, 줄 간격 160%)

4. 경력(프로필): 10줄 이내

5. 사진: 자료사진 3매, 사진 설명 20자 미만

6. 신청 및 원고 접수: 수시 마감

7. 출간 예정일: 연 3회

긍정, 행복, 성공에 관한 이야기를 독자들에게 전하고 나눌 수 있는 내용의 원고를 자유로운 형식으로 작성하여 제출해 주시면 행복에너지 소속 전문 작가가 독자들이 읽기 편하도록 전반적인 윤문과 교정교열을 할 예정입니다.(원고는 ksbdata@daum.net 으로 송부해 주시기 바랍니다.)

책 발행비용은 100만 원이며 저자에게 발행 즉시 100부를 증정합니다. 발행비용은 신청 시 50만 원, 편집완료 시 50만 원을 '국민은행 884-21-0024-204 도서출판 행복에너지 권선복'으로 입금해 주시면 되겠습니다.

자세한 문의는 언제든지 하단의 전화, 이메일을 통해 연락을 주시면 성실히 답변을 드리오며 원고 내용이나 책에 관해 궁금하신 분들은 도서 『긍정의 힘』을 직접 참조해 주시기 바랍니다.

행복한에너지: www.happybook.or.kr
대표이사 권선복

HP: 010-8287-6277 Tel: 0505-613-6133 E-mail: ksbdata@daum.net

희망이 있다면,
장애는 없습니다

권선복
도서출판 행복에너지 대표이사
대통령직속 지역발전위원회
문화복지 전문위원

이 책의 저자 이장락 대표가 살아온 인생사를 듣고 있노라면 헬렌 켈러가 떠오릅니다. 태어난 지 19개월 만에 뇌척수염으로 인해 눈과 귀와 말을 모두 잃었지만 불굴의 의지로 장애를 극복하고 사회에 큰 영향력을 미치며, 88세의 나이로 사망할 때까지 장애인복지사업을 펼친 그녀는 이런 말들을 했습니다.

"나는 눈과 귀와 혀를 잃었지만 내 영혼을 잃지 않았기에 그 모든 것을 가진 것이나 마찬가지다."

"인간의 성격은 편안한 생활 속에서는 발전할 수 없다. 시련과 고생을 통해서 인간의 정신은 단련되고 또한 어떤 일을 똑똑히 판단할 수 있는 힘이 길러지며 더욱 큰 야망을 품고 그것을 성공시킬 수 있는 것이다."

"세상에서 가장 아름답고 소중한 것은 보이거나 만져지지 않는다. 단지 가슴으로만 느낄 수 있다."

장애를 극복함은 물론 삶을 숭고한 영역으로까지 이끄는 그녀의 의지와 열정에 탄복하지 않을 수 없습니다. 비단 헬렌 켈러만이 아닙니다. 우리 주변에도 크고 작은 장애로 고통을 받지만 삶을 행복으로 이끌고 나아가 세상을 가슴 따뜻한 감동으로 채우는 이들이 많이 있습니다.

어릴 적부터 말더듬증과 소아마비로 인한 콤플렉스를 가슴에 안은 채 살아 왔고, 또한 중병을 앓으며 몇 번씩이나 사경을 헤매는 중에도 희망의 끈을 놓지 않고 굳센 의지로 성공을 일궈낸 이장락 대표야말로 한국의 헬렌 켈러가 아닌가 싶습니다. 이런 분들을 볼 때마다 제 자신의 삶을 돌아보고 반성하면서, 미래에 대한 새로운 각오를 다지곤 합니다.

요즘 극심한 취업난 앞에 희망과 열정을 잃어버리고 하릴없이 청춘을 허비하는 젊은이들이 많이 있습니다. 하지만 상상도 할 수 없을 만큼 험난한 시련과 극한 상황 속에서도 생의 가치를 발견해 내고 희망을 향해 전진하는 사람들도 있습니다. 자신의 굴곡진 인생 경험을 통해 마치 자상한 아버지와도 같은 심정으로 미지의 땅에 들어서는 이 땅의 젊은이들에게 전하는 저자의 이 값비싼 교훈이, 독자들의 앞날을 가꾸고 개척하는 데 많은 도움이 되기를 빌어 마지않습니다.

행복한 에너지 임직원 일동
문의전화 0505-613-6133

소리 (전 8권)

정상래 지음 | 각 권 13,500원

쏟아져 나오는 책은 많지만 읽을거리가 없다고 탄식하는 독자들이 많다. 그렇다면 근대 한국사에 담긴 우리 한(恨)의 정서에 관심이 있다면, 대하소설의 참맛에 대해 잘 알고 있다면, 정말 제대로 된 작품을 읽어볼 요량이라면 이 소설은 독자를 위한 더할 나위 없는 선물이자 생을 관통할 화두가 되어 줄 것이다.

조영탁의 행복한 경영이야기 세트(전 10권)

조영탁 지음 | 각 권 15,000원

행복한 성공을 위한 7가지 가치, 그 모든 이야기를 담은 『조영탁의 행복한 경영이야기』 전집은 자신은 물론 타인의 삶까지 행복으로 이끄는 '행복 CEO'가 되는 길을 제시한다. 다양한 분야에서 칭송을 받아온 인물들의 저서에서 핵심 구절만을 선별하여 담았다. 저자는 이를 '촌철활인寸鐵活人(한 치의 혀로 사람을 살린다)'으로 재해석하여 현대인이 지향해야 할 삶의 태도와 마음에 꼭 새겨야 할 가치를 제시한다.

열정 리더십의 스파크 경영

최유섭 지음 | 280쪽 | 15,000원

책 『열정 리더십의 스파크 경영』은 현재 20년 넘게 전문 전자부품 분야에서 정상의 자리를 지켜오고 있는 '텔콤'의 최유섭 대표이사의 경영론 모음집이다. 백전노장 CEO가 전하는 각종 경영 스킬은 임원이든 직원이든 회사 생활을 하는 사람이라면 그 누구라도 공감할 만한 현실 감각과 통찰력을 내비치며 신뢰감을 더해 준다.

하루 일자리 미학

김한성 지음 | 260쪽 | 15,000원

책 『하루 일자리 미학』은 현재 인력소개업을 하는 저자의 생생한 경험담을 바탕으로 인력소개업계가 앞으로 나아가야 할 올바른 방향은 무엇인지, 기업과 근로자 모두가 상생하는 방안은 무엇인지에 대해 제시한다. '건설인력업계 민간 부문 최초의 책'으로서 더욱 주목받고 있으며, 수많은 일용근로자들에게 삶을 알차게 가꿀 계기를 마련해주는 이정표가 되어 줄 것이다.

잘나가는 공무원은 무엇이 다른가

이보규 지음 | 312쪽 | 15,000원

정신 놓고 있다가 길을 잃으면 그 순간 끝장이다! 9급부터 시작하는 공무원 행동강령. 이제 지옥 같은 직장을 낙원으로 만들고, 적을 아군으로 만드는 마법 같은 처세의 힘으로 더 큰 바다로 나아가보자.

마음이 아름다우니 세상이 아름다워라

이 채 지음 | 224쪽 | 13,500원

저자는 이 시집에서 우리가 늘 살아가고 있는 이 세상을 노래하였다. 우리는 늘 세상을 긍정적으로 바라보고 타인을 존귀하게 대해야 한다고 배우지만 힘겨운 세상살이 속에서 말만큼 쉽게 되는 일은 아니다. 이채 시인은 바로 의미를 깨달을 수 있는 쉬운 문장들을 독자에 마음에 점자처럼 펼침으로써 읽은 이 스스로가 마음을 매만지게 한다.

사랑하는 나의 어머니

정진우 지음 | 344쪽 | 15,000원

101세의 일기로 떠나보낸 어머니와의 평생, 그 눈물겨우면서도 감동적인 여정! 가정의 달 5월을 맞아, 그 이름 부르기만 해도 마음이 편해지고 힘든 이 세상에서 편히 쉬기 하는 삶을 유일한 안식처 '어머니'를 노래하다! 서울대 의과대학을 졸업하고 현재 뉴욕에서 비뇨기과를 운영하고 있는 저자의 첫 에세이로, 독자의 마음에 잔잔하게 퍼지는 온기를 전할 것이다.

공부의 길

김정환 지음 | 400쪽 | 25,000원

『공부의 길』은 1996년 이래 약 20년간 서울 대치동에서 "수학강사"로 시작하여 "공부학습법 교육 연구소" 소장, 나누리 에듀의 원장을 역임하고 있는 김정환 원장이 평생의 공부법 연구를 집대성한 책이다. 학생 본인은 물론 부모, 선생, 강사 등 교육자의 위치에 있다면 누구든지 꼭 한 번쯤은 읽어 봐야 할 '암기 · 오답노트 중심의 학습법, 과목별 학습법' 등을 제시한다.

검사의 락

곽규택 지음 | 304쪽 | 15,000원

책『검사의 락』은 15년의 검사 생활을 마치며 제2의 인생을 준비하는 곽규택 변호사의 '검사들의 삶, 검찰청 이야기'다. 대중에게 선보이기 위해 검사로서의 지난날을 솔직하고 담백한 필치로 정리해 오롯이 담아내고 있다. BBK 김경준 송환 작전부터 검찰총장 혼외자 의혹 사건까지 대한민국을 떠들썩하게 한 사건들의 뒷이야기를 솔직한 화법으로 풀어내고 있다.

언덕을 넘으며 시대를 생각한다

정문수 지음 | 352쪽 | 15,000원

책『언덕을 넘으며 시대를 생각한다』는 한국사회의 지난 20년을 면면에서 살피고 그에 따른 성찰과 뒤따르는 시대에 대한 혜안을 담은 책이다. 저자인 인하대 '정문수' 교수는 참여정부 시절 청와대 경제보좌관 자리에 오르는 등 대한민국을 대표하는 경제인이자 법학자이다. 변혁을 거듭했던 최근의 대한민국을 한눈에 들여다보고 '우리 사회의 구성원 모두가 행복하게 잘 살기 위해 무엇이 필요한가'를 제시한다.

음악을 건네다

최철규 지음 | 320쪽 | 15,000원

책『음악을 건네다』는 20여 년간의 음악 방송인 경력을 십분 발휘하여, 고르고 고른 58곡의 노래에 이야기를 덧입혀 담아낸 음악에세이집이다. 비틀즈, 밥 딜런, 아델 등 시대를 대표하는 팝 스타는 물론 정태춘, 여행스케치, 김광진과 같은 국내 거장들의 노래 가사를 하나씩 소개하면서 그와 걸맞은 이야기를 정감 어린 톤으로 풀어낸다.

명세지재들과 함께한 여정

강 형(康泂) 지음 | 432쪽 | 25,000원

이책은 평생을 교육자로 살아온 강형 교수의 회고록이다. 1부는 오직 교육자의 길만을 걸어온 저자의 지난날의 대한 회상을 중심으로, 제자들과 함께한 그 열정의 여정에 대해 이야기한다. 2부는 저자에게 가르침을 받은 명세지재들의 옥고(玉稿)를 담고 있다. 이 책은 진정한 교육자의 길은 무엇인지 알려주고 대한민국 교육계의 미래를 위해 우리가 해야 할 일은 무엇인지에 대해 명쾌히 전하고 있다.